JN111823

新しい時代に必要となる資質・能力の育成 V

「学びに向かう力」を育む授業事例集

横浜国立大学教育学部附属横浜中学校 編

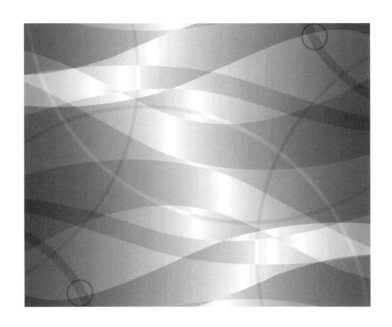

G学事出版

はじめに

○学校教育活動の核としての資質・能力の育成

　中央教育審議会の『論点整理』において5年前に描かれていた近未来が，現在は，新たな社会概念「Society5.0」として語られ，徐々に現実味を帯びてきています。また一方で，SDGsに象徴される地球規模の課題解決に向けた動きの中で，人々が性別や年齢，国籍や人種，障がいの有無，価値観，働き方などの多様性を互いに尊重し，認め合い，共に活躍・成長することを志向する「ダイバーシティ＆インクルージョン」という考え方が社会の変容を推し進め始めています。

　『新学習指導要領』は，このように変化していく社会を担うことになる現在の子供たちが，様々な課題と向き合いながら学び続け，働き，生活していくことができるようにするために学校教育はどうあるべきかという議論を経て，これまでの教科等の指導内容を軸とする構成を，子供たちに育成すべき資質・能力を軸とする構成に整理し直す形で改訂されました。改訂のポイントは，教科等ごとに目標化される資質・能力のみならず，子供たちの未来を想定して教育活動全体で教科等横断的に育成を目指す資質・能力を学校ごとに措定するとともに，教育の目標を教職員，児童生徒，関係者が共有し，様々な立場の人や組織が連携・協働して教育実践の効果を高めていく「社会に開かれた教育課程」を実現することにあります。それは，学校教育が，子供たちと社会とのつながりを豊かに形成していく営みであることを改めて確かめ，生徒一人一人に必要となる資質・能力の育成を核とするカリキュラム・マネジメントを学校経営の中心に据えることを要請するパラダイム・チェンジであると言えます。

○教科等横断的に育成を図る資質・能力へのまなざし

　本校では，教育活動全体を通して教科等横断的に育てていく資質・能力を，「生徒がこれからの社会をよりよく生きるための幅広い能力＝広義のリテラシー」と措定して教育活動の中心に位置付け，各教科の学習活動をはじめ，あらゆる場面を通して，問題解決力，学び続ける力，感じ取る力，行動する力，熟考する力を育成することを目指しています。

　広義のリテラシーが高まり，これらの力が育っていく様子を実感できる顕著な例として総合的な学習の時間「TOFY（Time Of Fuzoku Yokohama）」を挙げることができます。TOFYでは，生徒が自ら課題を設定し，その解決へのアプローチを構想・実践し，最後は論文にまとめて発表します。そのプロセスに出現する「他者との関わりの中で言葉を選んで対話を重ねる姿」，「必要な情報を吟味し目的に合わせて加工する姿」，「教科等の学びから獲得した知識や技能を関連付けながら考える姿」などからは，上述のリテラシーが働き，問題解決力や熟考する力が着実に育っていく様子を見て取ることができます。また，これらの力を働かせ，鍛えていく探究的な学びの経験は，生徒一人一人が社会とのつながりの中で学習者として自立することを促し，キャリア形成の方向を模索する機会にも結び付いていきます。

TOFYにおいて，広義の「リテラシー」がこのように奏効するのは，本校の職員が，教科等横断的に育成を図る資質・能力を絶えず意識し，それを時代要請にかなったより効果的なものとするために，総合的な学習の時間，道徳，特別活動，学校行事との関係，さらには教科間の関係を俯瞰しつつ，各教科の立場から視点を定めた実践的研究を倦まず弛まず続けることを通して，学習指導のアップデートを重ねてきていることに依ります。

〇本年度の研究について

　「新しい時代に必要となる資質・能力の育成」を主題とする実践的研究は，本年度で5年の節目を迎えます。主題に据えられた「新しい時代」は，まさに「Society5.0」，「ダイバーシティ＆インクルージョン」が進行する，これまでにない様々な課題解決が求められる時代です。本研究では，これまでの4年間に，そうした社会を豊かに生きていく上で必要になる「資質・能力」を育てるカリキュラムと授業のあり方について「知識・技能の構築」，「学びの自覚」「学びをつなぐ・ひらく」「深い学び」という切り口から，理論と実践を蓄積してきました。

　昨年度の研究からは，生徒自身が学びの深まりを実感できるようにするには，各教科の本質に迫る「問い」に対し「見方・考え方」を働かせながら追究する学びを構想・実践すること，教科の枠を越えて「見方・考え方」を自由自在に働かせることが大切であるという知見に至りました。本年度は，これをさらに進め，実感した学びを今後の社会や人生に生かそうとする「学びに向かう力」を副主題として取り上げ，これについて考え，実践化を試みます。

　その目指すところは，生徒が，切実な思いで教科の学びに向き合い，対話や知的試行錯誤を通じて知識・技能を更新しながら学びを深めていく姿，さらにはそうした学習者としての自らをメタレベルから俯瞰し，他者との関係性の中で考え方を修正したり，伝え方を工夫したりする姿，そして自らの成長を実感する姿を引き出していく単元や題材の開発，学習指導と評価の工夫・改善にあります。研究成果の一端を本書と研究発表会（令和2年2月21日，22日開催）を通して公表させていただきます。どうか忌憚のないご意見を寄せていただきますようお願いいたします。

　今年度も本校の研究推進のために多くの方々からご指導とご助言をいただきました。文部科学省初等中等教育局の東良雅人視学官，京都大学大学院教育学研究科の石井英真先生，神奈川県・横浜市・横須賀市各教育委員会の指導主事，横浜国立大学教育学部の共同研究者の諸先生方に拙書の巻頭を借りて御礼申し上げます。

　「学びに向かう力」の育成をテーマとする教科ごとのアプローチによって，子供たちが広義のリテラシーを発揮する教科等横断的な探究の過程をはじめ，本校の教育活動全体が一層厚みを増し，生徒一人一人の豊かな自己形成力へと結び付いていくことを期待しています。

令和2年2月

　　　　　　　　　　　　　　　　　　　　　横浜国立大学教育学部
　　　　　　　　　　　　　　　　　　　　　附 属 横 浜 中 学 校
　　　　　　　　　　　　　　　　　　　　　校 長　松 原 雅 俊

新しい時代に必要となる資質・能力の育成V

「学びに向かう力」を育む授業事例集

■目次｜CONTENTS

横浜国立大学教育学部
附属横浜中学校

第1部

基本的な考え方

※本書では，特に断りがない場合，次のように各資料を表記する。

本書での表記	正 式 名 称
『学習指導要領』	文部科学省（2008）「中学校学習指導要領」
『新学習指導要領』	文部科学省（2017）「中学校学習指導要領」
『解説』	文部科学省（2008）「中学校学習指導要領解説○○編」
『新解説』	文部科学省（2017）「中学校学習指導要領解説○○編」
『答申』	中央教育審議会（2016）「幼稚園、小学校、中学校、高等学校及び特別支援学校の学習指導要領等の改善及び必要な方策等について（答申）」
『報告』	文部科学省（2019）「児童生徒の学習評価の在り方について（報告）」
『改善等通知』	文部科学省（2019）「小学校、中学校、高等学校及び特別支援学校等における児童生徒の学習評価及び指導要録の改善等について（通知）」
『附属横浜中』（2016）	横浜国立大学教育人間科学部附属横浜中学校（2016）「新しい時代に必要となる資質・能力の育成Ⅰ 『知識・技能』の構築をめざす授業事例集」，学事出版
『附属横浜中』（2017）	横浜国立大学教育人間科学部附属横浜中学校（2017）「新しい時代に必要となる資質・能力の育成Ⅱ 『学びの自覚』を促す授業事例集」，学事出版
『附属横浜中』（2018）	横浜国立大学教育学部附属横浜中学校（2018）「新しい時代に必要となる資質・能力の育成Ⅲ 『学びをつなぐ・ひらく』カリキュラム・デザイン」，学事出版
『附属横浜中』（2019）	横浜国立大学教育学部附属横浜中学校（2019）「新しい時代に必要となる資質・能力の育成Ⅳ 『深い学び』へと導く授業事例集」，学事出版

新しい時代に必要となる資質・能力の育成Ⅴ

～「学びに向かう力」を育む指導と評価のあり方～

1　研究主題の設定の主旨

（1）『新学習指導要領』の求める「評価観」への転換

　AI（人工知能）の革新やグローバル化の進展，そして環境問題や超高齢社会の深刻化など，これからの社会は今まで以上の加速度で複雑に変化していくことが予想される。このような状況において，「正解」にたどり着くことが難しい，または「正解」自体がそもそも存在しないような課題に対し，「最適解」を導き出し，新しい価値を創造し活躍していける人材の育成こそが，これからの教育に課せられた使命であろう。そのために学校は，生徒にとって，知識や技術の習得を繰り返す中で「正解」を受け取れる場ではなく，試行錯誤を重ねる中で「最適解」を導き出せる場として存在することが求められる。だからこそ授業も，問題解決することだけを目的とせず，その過程で粘り強く自己を調整しながら考える力や，他者とコンセンサスを図って協働する力などの「学び方」を体得できる場でなければならない。つまりこれからの学校教育は，これまでのコンテンツ・ベース（「何を学ぶか」という視点）の内容中心の教育から脱却し，コンピテンシー・ベース（「何ができるようになるか」という視点）の資質・能力を基盤とした教育へ，「教育観」を大きく転換していくことが重要となる。今回の改訂では，学校教育を通じて育むべき資質・能力が三つの柱（「知識及び技能」「思考力・判断力・表現力等」「学びに向かう力，人間性等」）に沿って整理され，またその育成に対し有効に作用する各教科等の「見方・考え方」が改めて示された。このような取組がどの教科でも画一して行われたことで，「指導観」の明確化が図られたと言える。だからこそ新しい時代に必要となる資質・能力を育成していくための指標として，学習評価のあり方も見直す必要があるのではないか。育まれた資質・能力を適切に見取り，生徒の学習改善や教師の授業改善に生かせるような新たな「評価観」の構築は，喫緊の課題と言えよう。

（2）本校の研究の歩み

　本校では，今回の改訂への流れを機に，コンピテンシー・ベースの学びにおける価値や意義を整理することを目的として，「新しい時代に必要となる資質・能力の育成への試み」を主題とした研究活動を始めて，今年度で5年目を迎えた。この4年間の歩みの中では，「知識・技能」「学びの自覚化」「カリキュラム・デザイン」など，資質・能力を育む上で重要な要素に光を当てて研究を重ね，求められる「授業観」について明らかにしてきた。特に昨年度に関しては，生徒自身が学びの深まりを実感できるような授業とはどうあるべきかを明らかにするために，「深い学びへと導く授業のあり方」を副主題に掲げ，「主体的・対話的で深い学び」の中核である「どのように学ぶか」の視点を意識した授業改善のあり方を追究した。その中で見えてきたことは，「教科の本質に迫る問い」と向き合うこと，そしてパフォーマンス課題（本校での呼称：「挑戦的

な評価課題」）や総合的な学習の時間（本校での呼称：TOFY ＝ Time of Fuzoku Yokohama）など，各教科等で身に付けてきたものを関連付けたり組み合わせたりする経験を繰り返していくことの重要性であった。また，生徒の学びがより効果的な学びの瞬間となり得るには，生徒自身が「何ができるようになるか」を具体的かつ豊かにイメージして取り組むことが必須であり，そのため教師は，その学びから得たものを次の学びや今後の社会や人生に生かそうとする，学びに関するポジティブな情意，つまり「学びに向かう力」を生徒に育んでいくことが欠かせないことも確認できた。

　今年度のはじめに，「私たち教師が，各教科等で『学びに向かう力』を育もうと指導を重ねていくと，どのような生徒の姿が形成されると思うか」を本校教員に聞いた。「自ら問いを立てる姿」「他者の声に耳を傾け，自分と違う考えに気付ける『受信力』にあふれた姿」「課題を解決するためのルートを複数発見し，よりよいものを吟味できる姿」など様々な声が挙がった。そのような姿の実現には，私たち教師が生徒に声をかけ励ましたり価値付けたりする際，何を根拠に行うべきかの明確な判断基準や，どのようなアプローチが効果的かなどを理解しておくことが必要となる。換言すれば，曖昧な判断基準や誤った声かけや接し方では，「学びに向かう力」の高まりを生徒に実感させるのは難しくなり，教師の指導改善にも生かせないものとなるということである。

　本校では年2回（6月と11月），全ての教科で生徒による授業評価を行っている。全教科共通の質問事項である「教科の力がついてきた実感」に関する問いでは，どの教科も肯定的に捉えている生徒が非常に多い。しかしそれと比較すると「自分自身の成長に対する実感」の度合いは低く，6月から11月にかけても微増や横ばいばかりで，顕著な高まりは確認できない。これは，本校で以前から見受けられる傾向である。つまり本校の生徒は，各教科等の学びにおいて，「知識」「技能」，そして「思考力」などを日々の学習で高めてきている自負はありつつも，それを「成長」と捉えきれていないと言うことができる。この結果から，生徒に様々な「力」の高まりを実感させることはできているが，それを「成長」と捉えさせられていない，本校教員の働きかけの不十分さが垣間見える。「学びに向かう力，人間性等」を生徒にどう育んでいくべきか，この可視化しづらいじわじわと高まっていく内面的な成長と向き合う難しさを課題として再認識した。

（3）今年度の研究副主題の設定

　今回の改訂では，全ての教科等における目標及び内容が，資質・能力の三つの柱に基づき再整理され，学習評価の観点も現行の4観点（国語科は5観点）から，資質・能力に沿って「知識・技能」「思考・判断・表現」「主体的に学習に取り組む態度」の3観点に整理された。『答申』では「学びに向かう力，人間性等」は，「『主体的に学習に取り組む態度』として観点別評価（学習状況を分析的に捉える）を通じて見取ることができる部分」と，「観点別評価や評定にはなじまず，こうした評価では示しきれないことから個人内評価（個人のよい点や可能性，進歩の状況について評価する）を通じて見取る部分」の二つに分けて定義がなされた（p.61）。また『報告』では，目標と評価の一貫性を考慮し，これからの学習評価の基本的な枠組みが次頁図1のように示された（p.6）。これにより，育成を目指すべき資質・能力が実際にどの程度生徒の中で育まれたかを一対で捉えて評価することが可能になり，「記録するための評価」（＝総括的評価）のあり方が大きく変わると考えられる。それとともに，ペーパーテストをはじめとした「見取りやすい

もの」ばかりを頼って「格付け」していくのではなく，問題解決の過程での粘り強い思考によって得られる自分自身の変容などの「見取りにくいもの」と丁寧に向き合って「支援」をしていく，「指導に生かすための評価」（＝形成的評価）を充実させていくことが重要な要素となることも読み取ることができる。多様性を認める態度や協働による問題解決のよさの実感，その中で発揮される他者に対する思いやりなどの人間性の高まりが，資質・能力を育

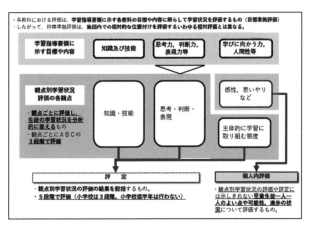

図1　『報告』が示す，各教科等における評価の基本構造

成していく上で重要であることを念頭に置いて「評価観」を改めて捉え直していくべきであり，それこそが「指導と評価の一体化」のさらなる実現には不可欠であると言えよう。

　また『答申』では，資質・能力の育成を目指す上で「学んだことを教科等の枠を越えて活用していく場面が必要」とし，「教科等横断的な学びを行う総合的な学習の時間」の重要性を挙げている（p.32）。各教科等で育まれてきた資質・能力は，整理されていない複雑な状況から問いを見いだし，様々な事柄を加味しながら各教科等特有の「見方・考え方」を働かせて「最適解」を模索する経験を日々の学習活動で積み重ねていくことで，様々な事柄が絡み合った現実世界の複雑な状況下でも耐え得る資質・能力へと高まっていくと考える。そのための「実践の場」こそが，昨年度の研究の成果として示した，各教科等における本質的な意義を実感できる「挑戦的な評価課題」や，各教科等で獲得してきた様々な力の汎用的な発揮・活用が試されるTOFYのような探究学習である。それらを意図的・計画的に配置し，また組織的に実践を重ねていくことで，生徒は身に付けた力をより汎用性の高まった状態へと磨き上げ，さらに別の場面でも使おうと，新たな学びの場面へと主体的に立ち向かっていく姿を見せてくれるであろう。しかし，その姿を生み出していくためには，「学びに向かう力」の高まりを生徒自身が実感できるような「実践の場」をどう整備し，どう充実したものへと展開できるか，そしてその高まりを生徒自身に解釈させるために教師はどのように関わっていくべきか，「指導」と「評価」のあり方を改めて見直していかなければならない。

　そこで今年度は研究副主題を「『学びに向かう力』を育む指導と評価のあり方」と設定し，次のような仮説を立て，その検証を行うことで成果と課題を明らかにすることを研究の目的とした。

・教師が豊かにイメージして描いた「『学びに向かう力』が高まっている姿」の実現を念頭に置いて学習活動の設計や選択をしたり，学習過程で教師が適切な支援を意図的・計画的に，全体または個へ施したりしていくことで，「学びに向かう力」を育むことが可能になる。
・「挑戦的な評価課題」やTOFYなどにおける現実世界での問題解決を想定した場面で，教科固有の「見方・考え方」を働かせたり，各教科等で身に付けた力を教科の枠を越えて汎用的に発揮・活用したりしていくことが，身に付けたものの価値の実感や，好奇心や向上心の高まりへつながり，次なる学びへの推進力を生み出すことが可能になる。

2 今年度の研究の経緯

（1）「学びに向かう力」を育むために

　「学びに向かう力」は，資質・能力を三つの柱で整理したうちの一つであり，「知識及び技能」「思考力・判断力・表現力等」をどのような方向性で働かせていくかを決定付ける重要な要素として位置付けられている。つまり「学びに向かう力」は，自然と高まり勝手に育まれていくものではなく，教師側が意図的に工夫を施したり手立てを講じたりして，その力を価値付けることによって，生徒の中で自覚され育まれていくものであるという認識がまず必要となる。よって，その教科における「縦」の流れと，他教科等との「横」の流れを考慮して編成されたカリキュラムの中で，生徒個人へ，そして学級，学校全体に継続的に働きかけ，組織的に高めていくことを目指していくべきであろう。また「学びに向かう力」は短期間で育まれたり，一時間の授業で必ず高まりが実感できたりするものではない。挙手の回数や毎時間ノートを取っているかなどの性格や行動面における傾向の一時的な表出で判断できるものでもない。だからこそ，生徒の成長を他の生徒と比較した「点」での解釈ではなく，以前の姿と今の姿を「線」で結んで捉えていくことができるような，プロセスを重視した指導を充実させることを目指していくべきであろう。

　今年度の研究副主題に基づく最初の授業研究は，2年生の国語の授業をモデルとして行った。授業内容は，「演じることを通して読みを深めよう」という課題で，各自が考えた演技プランをグループ内で共有することを通して，各自が読み取った心情を伝え合いグループで練り上げていくというものだった。交流を図る中で自分と他者の解釈の違いに焦点を当て「なんで？」と相手に迫ったり，それに対して「だから…」と自分の考えを伝えたりすることを繰り返して，熱を帯びた話し合いが展開されていた（図2）。「読みの違いはどこから来るのか」という教師からの問いかけに対して，きちんと根拠をすり合わせて「最適解」を模索する様子は，ここまでの学びを実感しつつも，自己の感情を調整して学びを深め，協働的に「学びに向かう力」を高めている姿であった。

図2　授業研究の様子

　なお，この授業研究を通して，授業をデザインしたり，実践したりする上で意識すべき点を，以下の3点に沿って整理してまとめた。

［1］「学びに向かう力」を育む授業デザインを考える

　単元（題材）や授業を構想したりデザインしたりする際，まず目指すべき生徒の姿の明確なイメージを持つことが必要であり，その上でその姿の実現に向けた適切な学習活動を選択・設計するべきである。だからこそ指導案においては，資質・能力がどのようなプロセスを経て生徒の中で育まれ実感されていくのかが見えるよう作成することを心がけたい。以下の項目は，指導案を作成していく上での留意点を整理したものである。なお，前述の国語の授業の指導案は，本書籍pp.19-22に掲載しているので，参照されたい。

　・「『学びに向かう力』が高まっている生徒の姿」を最上段に示し，その実現に向けどのような

工夫を施していくか，その実現に向け扱うべき指導事項は何か，その学びが TOFY とどうつながるか，など単元（題材）全体が一望できるデザインの指導案を作成する。

・その際，「『学びに向かう力』を高めていくための指導の工夫」には，観点別評価を通じて見取ることができる部分と，観点別評価がなじまずに「個人内評価」として位置付けられる部分の両方が上手に機能することを目指した工夫や手立てを構想する。具体的には，その単元（題材）の「入口」「展開」「出口」に分けて整理を行う。

○入口の工夫…学びが「自分事」になるように，生徒にどのように問いを生成させるか，どう提示するかなどの「課題」に対する工夫や，学びを進めていくことでどのような自分の姿が創出できるかがイメージできるような「見通し」の持たせ方に対する工夫。

○展開の工夫…試行錯誤を重ねる中で，自己の考えや視点を広げ，より深く追究させていくための「揺さぶり」の工夫や，個の学びを他者との対話によって，より洗練させていくための「協働」の工夫。

○出口の工夫…単元（題材）を終える際の，ここまでの学びの足跡をどのように振り返らせると効果的か，どのような問い方が望ましいかなどの，自己内で，または他者との関わりを通じてメタ化していく上での「振り返り」に対する工夫。

・あわせて，「主体的に学習に取り組む態度」を見取る上で効果的と思われる工夫や手立てなどを明示する。その際，「ノートにおける特定の記述などを取り出して，他の観点と切り離して」評価しないように留意する（『報告』p.13）。なお，「主体的に学習に取り組む態度」は，学びを進めていく過程で身に付けていくものであり，単元（題材）の導入や授業の冒頭などで評価することは現実的ではないと捉えて，評価時期や場面を，単元（題材）の後半などの内容や時間のまとまりごとに実践状況を把握できる段階に設定する。

・なお，ここで挙げられた工夫や手立ては，例えば「入口」に記述されていても，他の場面でも施したり，単元（題材）の中で繰り返し行われたり，「観点別評価」と「個人内評価」の両方をまたいで効果を発揮したりするものなども存在することに留意する。

［2］ 適切に「見通し」を持たせるための「道筋」を共有する

生徒が主体的に学びと向き合うためには，教師が事前にその学びにどのような価値があり，どのような資質・能力を身に付けることができるのかを，生徒と共有を図ることが重要である。『報告』では，そうすることで「評価の妥当性・信頼性を高める」ことや，「自らの学習の見通しをもたせ自己の学習の調整を図るきっかけとなる」ことが期待できると述べられている（p.14）。効果的な「道筋」の示し方を，本校では以下のように整理した。

・「道筋」の示し方は，教科の特性や単元（題材）の構成，生徒の実態などに応じて適切な方法を選ぶべきである。例えば，評価規準と評価方法，その際の学習活動を単元（題材）の流れに沿ってまとめた「学習プラン」を用いて，学びの共有を図る方法などがある。

・「道筋」を示す目的は，生徒が単元（題材）全体を俯瞰することで自身の成長のプロセスをイメージしやすくすることであり，各時間の学習活動の具体を詳細に提示することが目的ではない。よって，特定の「型」に必ずまとめるような，方法を限定する必要はない。また，単元（題材）の最初に提示する場合や単元（題材）を貫く課題に向き合わせた後に提示する

場合など，時機を調整して，効果を高めるための柔軟な運用を意識していくことが望ましい。

［3］生徒が学びの主体となるようファシリテートする

　「授業」とは生徒が「業」を授かる場であり，また「業」は教師の誘導によって授かるものではなく，自分の意志で獲得するべきものである。だからこそ教師は，生徒が悩み困った際に，一緒になって考えたり，背中を押してあげたりする「ファシリテーター」の役割を理解し，「可視化」「共有化」「焦点化」の三つの視点を意識して授業を行い，生徒の学びに寄り添っていくべきである（『附属横浜中』(2019)）。その上で重要となる視点を以下のように整理した。

　・「個」での熟考の時間をきちんと確保する。それにより，自分の考えを明確な根拠を基に構築することが可能となり，生徒は他者との交流の瞬間を待ち遠しく感じてくる。

　・教師からの働きかけが「誘導」にならないように，あえて指示や助言を「あいまいなもの」にする。教師からの具体的な指示や助言は，これ以降のレールを準備することにつながり，生徒が思考することを遮ってしまう要因となり得る。「どうして？」を繰り返し問うことで生徒の思考を揺さぶり深く考えさせたり，「事象を別の視点からも捉えられないか？」と投げかけたりすることで多角的な解釈を追究させ，議論の一層の活性化を促すことを目指す。

　・可視化しづらい内面的な成長に生徒自身が注目することは容易ではない。よって教師は「個人内評価」の充実を目指して，生徒に自分の足跡をポジティブに捉えられるよう記述や声かけを繰り返したり，自分の学び具合を俯瞰しやすくなるよう振り返りの視点を明確に定めたりすることが必要である。それにより，生徒は「自己内対話」や「自己の発見」に取り組みやすくなり，自分の今の姿を豊かにかつ的確に述べることができるようになると考える。

（2）「学びに向かう力」を育む指導と評価とは

　4年前，本校は「『知識・技能』の構築へ向かう授業実践」という研究副主題で，新しい時代に必要となる資質・能力を育成する上で「知識・技能」をどのように捉え直し，どのような生徒たちの「学ぶ姿」（＝「知識・技能」の構築された姿）で実現するべきかを追究した。詳細は，『附属横浜中』(2016)を参照されたい。その際，校内研修会の講師として招聘した京都大学の石井英真氏から，「知識・技能」が実生活で生かされている場面を味わったり，その領域の専門家による知の探究過程を追体験したりする「真正の学習」が，学び手の視野や世界観（生き方の幅）を広げ「学んでいる実感」を生み出し，それが自ら学び自ら考える力の高まりへとつながるという知見を得た。これこそが生徒に「学びに向かう力」を育んでいく上での基盤となると考え，今年度も4年前に引き続き，石井氏を講師として招聘し，教科における「真正の学習」の追究が生徒の情意面の成長とどう関わり，その成長をどう評価することが適切なのかを探ることとした。

　新しい学習評価の方向性を考えるに当たり，「『目標と評価の一体化』と『ドラマとしての授業』とをつなぐ」ことの重要性を提唱する石井氏は，

　　　試合，コンペ，発表会など，現実世界の真正の活動には，その分野の実力を試すテスト以外の舞台（「見せ場(exhibition)」）が準備されている。そして，本番の試合や舞台の方が，それに向けた練習よりも豊かでダイナミックである。だが学校での学習は，豊かな授業（練習）と貧

弱な評価（見せ場）という状況になっている。課題研究での論文作成・発表会や教科のパフォーマンス課題など，日々の授業で粘り強く思考し表現する活動を繰り返す中で育った思考力や知的態度が試され可視化されるような，テスト以外の舞台を設定していくことが重要である。

と，「真正の学習」に対する評価のあり方を述べている（石井 2019 p.14）。つまり，評価が主観的になり過ぎないように証拠集めに走ったり，評価の緻密化を求め過ぎて「物差しづくり」に尽力したりする前に，まず学習者の実力がきちんと表現されるような教材の準備や課題設定などの「舞台づくり」に励む必要性を訴えている。私たち教師は，必要な資質・能力を生徒に身に付けさせる上で最適な教材や課題とは何かを深く追究し，また「気付いたら没頭してしまっていた」と生徒が感じてしまうような大きな没入感を得られる出会わせ方を求めるためにも，教材研究の重要性に今一度立ち返るべきであろう。石井氏は研修会の中で「きちんと練った教材研究をしていれば，おのずと評価規準はできている」と述べている。つまり，単元（題材）の目標を実現した姿を，そこに向かっていく実際の生徒の姿で豊かにイメージできていれば，それはすなわち評価する際の物差しへとそのままつながっていき，自然と評価規準が作成されることを意味している。

　また，実際の授業におけるドラマのような前のめりになる授業構成のポイントを，以下のように述べている（石井 2017 p.64）。

　　目標を絞り明確化したなら，シンプルでストーリー性をもった授業の展開を組み立てることを意識します（ヤマ場のあるドラマとしての授業を創る）。1時間の授業のストーリーを導く課題・発問を明確にするとともに，目標として示した部分について，思考を表現する機会（子どもたちの共同的な活動や討論の場面）を設定します。グループ活動や討論は，授業のヤマ場をつくるタイミングで取り入れるべきだし，どの学習活動に時間をかけるのかは，メインターゲットが何かによって判断されるのであって，メインターゲットに迫るここ一番で学習者に任せるわけです。目標を絞ることは，あれもこれもとゴテゴテしがちな授業をシンプルなものにする意味をもち，ドラマのごとく展開のある授業の土台を形成します。

　図3-①のような教師主体の授業形態では，生徒が教師の好む発言を推理したり教師や教科書が示す正解を当てたりすることが目的化され，生徒が教師に忖度する構造が自然派生的に築かれる懸念が生じる。石井氏は「真正の学習」における教室内での関係構造は，図3-②のような，教師と生徒の垂直的な教え込み関係でも生徒同士の水平的な学び合い関係でもない，教師と生徒がともに教材と向かい合って学び手として競り合うナナメの関係を構築することが重要であると述べている（石井 2012 p.148）。

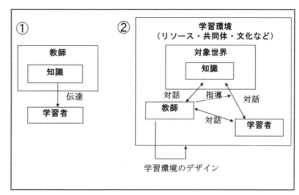

図3　石井氏が示す学習者，教材，教師の関係構造

　さらに，昨年度本校で「深い学び」へと導く授業のあり方を研究していく中で見いだした結論の一つである「ゴールま

で一定の距離を持つ学習活動を扱う」ことも，学びに向かう姿や態度の変容を見取りやすくする効果が期待できる。石井氏は，その具体として，「教師の正答で授業を終えない」「正答を教師が最初に示してその解説を考えさせる」「そもそも正答がない問題を提示する」「正答かどうかでなくそこに至るプロセスの発想力や説得力を評価する問題を出してみる」などを挙げ，教科特有の見方・考え方を働かせたり汎用的スキルを組み合わせたりして，追究する場面を確保することの重要性を述べている（石井 2015 p.44）。これらは，正答主義に陥っている生徒の学習観を揺さぶり，教師の「教えたいことだからこそ，教えない」部分を生徒たち自身でつかませることを可能にし，充実感や達成感などのポジティブな情意をより一層実感させることが期待できる。

　そして石井氏は，「思考力・判断力・表現力等」や情意面のような質的な学力の成長度合いを評価するには，「パフォーマンス評価」の活用を提唱するが，安易な「ルーブリック」の取扱いについては警鐘を鳴らす。「ルーブリック」は，評価者の主観に偏らず妥当性や信頼性を高める上では有用だが，表の作成が目的化されて形骸化がもたらされる懸念もある。表の作成やそれを共有する過程で，評価者の「判断の目」を鍛えることに寄与されてこそ価値があるものであると言えよう。また，適正な評価規準（Bの姿）が存在すれば，Aの姿は具体的に表さずに青天井にすることで，評価者の視野の矮小化を回避できると考えることも可能だが，「よいものを見せて憧れを抱かせる」ことは，生徒自身に「かっこいい姿」（A基準）をイメージさせる上で効果があり，「学びに向かう力」の高まりが期待できるとも述べている（ただしAの姿は，「キーワードの共有のみにとどめたり，方向性のみ示してオープンにしておいたりすることが効果的に働く場合もある」と補足している）。また，どのタイミングで「ルーブリック」を生徒と共有するかにおいても，「憧れ」を先に見せるとそれのみを追って流されてしまう可能性があり，興味の広がりや深まりの度合いに応じて，いつ出会わせるかは柔軟に考えていくべきだと，提言している。

　研修会を通して，「目標と評価の一体化」を念頭に置いた適切な「舞台づくり」などの指導のポイントや，「パフォーマンス評価」をはじめとした質的な評価のあり方などについて整理することができた。また，『新学習指導要領』が示す「目標」の実現に向け，各教科等で教科の本質や特性を踏まえて，授業の具体を通して明らかにしていくことが今後の方向性となることも確認できた。

3　成果と今後への課題
（1）実践から明らかになった授業と評価のあり方

　生徒にとって「学びに向かう力」を高められる授業と，それを育むための評価とはどうあるべきか，前述の内容を基に構想して，実践を重ねた。そこから見えてきたことは，昨年までの研究の成果として示してきた「授業観」をより突き詰めていくこと，従来の「評価観」を見直し，資質・能力を適切に見取れるような工夫を意図的に施すことが，教科を越えて必要となるということである。以下［1］～［3］は，実践を終えて成果と課題を共有する過程で明らかになった，ここまでの授業や評価のあり方について整理したものである。

［1］意図的，計画的に支援を盛り込んだ授業の構想・展開

　生徒が「学びに向かう力」を高めていくことは，生徒自身が目指すべき目標（ゴール）を把握し，それと今の自分の学び具合にどの程度の乖離があるのかを知ることから始まる。そして，そ

れを埋めるための方法を教師との関わりの中から生徒自身で突き詰めていくからこそ，その過程での試行錯誤や紆余曲折が，生徒の中に「学びに向かっていった実感」として残るのだろうと考える。実践の中で得られた効果的な手立てと思われるものを，以下①〜⑤に分けて紹介する。

①知識欲が刺激される課題の設定と出会わせ方を工夫すること

　まず，どのような課題を設定するか，どのように課題と出会わせるかが重要となる。これまでの実践から，課題の設定に関しては，「実生活に即したもの」「他教科と関連が強いもの」「教科の本質を突き詰めたもの」などが，生徒の興味・関心の高まりが期待できるものだと分かった。また出会わせ方も，最初にあえて失敗経験を積ませ「どうすれば上手くいくのか知りたい」と生徒に切望感を抱かせてから課題を示すことなども，効果的な工夫の一つと言える。ただし，その課題を通じて身に付けるべき資質・能力によって，今後の自分の生き方がどう豊かに変わるのかを教師が示してあげてこそ，その課題が意味を成すのであり，課題自体が「学びに向かう力」の高まりを生み出すのではない。

②自身の学びを深められる場面を授業時間内に確保すること

　個での熟考の時間や，他者との対話を通じて集団で深める時間を授業時間内に準備し，その時間を生徒が納得のいくまで与えることも，「学びに向かう力」を高めるために必要な要素の一つとなる。ただし，熟考に要する時間の長さには個人差があり，授業という枠内で全員の活動のペースをそろえることは難しい。しかし，生徒に時間を無限に与えてあげることも，一人の教師で生徒全員の学びを瞬間的に見取ることも不可能である。だからこそ，例えば「相互評価」などを計画的に組み込み，繰り返し取り組ませていくことで，学びを深められる場面を合理的に確保するとともに，生徒同士で質の高い評価活動を主体的に行えるように促していくことが肝要であろう。

③「振り返り」の場面を授業時間内に確保すること

　例えば，課題解決に多くの時間を割いてしまい，「振り返り」を授業時間内に確保できず宿題にしてしまう場合があるが，これでは活動と振り返りに大きな時間差が生じ，その瞬間ならではの考えや気付きの顕在化が弱まり，また他者との関わりから揺さぶられて新たな問いと出会う場面も失われてしまう恐れがある。「振り返り」の意義は，自分自身の「学びの課題」を見つけるためであり，その教科の基礎・基本がどの程度定着しているかを確認するためではない。だからこそ無理に一時間ごとで区切ろうとせず，内容のまとまりに応じて振り返る機会を設けるなど「授業を受けたからこそ，できる振り返り」を生徒にさせることを目指すべきであろう。

　他者の学びの成果を自分自身に利活用できることも，授業ならではの強みである。他者の振り返りを読んで新たな視点に気付かされたり，前の学年の生徒の記述や作品からよりよい表現を学んだりすることなども，生徒にとっては「学びに向かう力」を高めるための契機となり得る。

④自己調整ができるような発問を工夫すること

　上記③について補足すると，「振り返り」の視点が曖昧では，生徒は何に焦点を当てて行うべきかが分かりにくく，それゆえ身に付けた力なども実感しにくくなってしまう。また，「主体的に学習に取り組む態度」の観点を総括的に評価する上でも，記述内容から自己調整を図っていたかが見えなければ信頼性の高い評価をすることは難しい。そのため，振り返らせる際の問い方を工夫することで，学びの足跡や変容の一層の顕在化を促したい。具体的には「○○（「後輩」「過去の自分」などの対象）に向けて，□□（「話し合い」「一次関数」などのキーワード）のポイン

トを教えてあげるとすれば何を伝えるか？」「□□の学びが今後の自分のどのような場面に生かせると思うか？」のような，現実場面とのつながりを意識した問い方や，「△△（単元内の主要な課題）を解決する上で，困ったことや有効だったことなどを整理しなさい。」「△△に取り組む際，あなたが一番気を付けていたことをまとめなさい。」のような，実際の活動や創作などを想起させた問い方などが，本校の取組から有効であることが明らかとなった。

　また振り返り方自体も，文章で表現させる方法以外に，学び得たものをマインドマップで整理して構造化を図らせるなど，有効な可視化のさせ方も確かめることができた。

⑤生徒一人一人を丁寧に観察すること

　教師の関わり方自体も見直し，「全体の底上げを図るイメージ」から「一人一人を見取ることに軸足を置くイメージ」への移行を図るべきだと考える。例えば生徒への声かけは，場面や対象となる生徒によって必然的に変わるものであり，授業前に決めていた定型文をそのまま伝えても，その生徒の学びの促進は期待できない。その瞬間だからこそその声かけをすることが重要である。班で話し合いをさせている間，全員が話し合いに参加できているかを確かめるため机間巡視をしたり，この後の展開を確認していたりする教師の姿を目にするが，班単位という規模の小ささが安心材料となり，積極的に発言したり疑問をぶつけたりする生徒は少なくない。教師はその表出の瞬間を見逃すことがないよう，そしてその生徒に合った声かけができるよう，常に高いアンテナと瞬時に臨機応変に対応できる瞬発力を持ち合わせて生徒の様子を注視しておくべきであろう。

　あわせて，「Ａさんに話しながら，近くのＢさんにも聞かせて気付かせる」「クラスで練り上げていく際に，別の視点として他クラスの意見を紹介する」「Ａさんの考えをＢさんに読み取らせて説明させる」などの意図的な「間接指導」も効果的であることが分かった。

　授業以外でも，生徒の様子を把握できる場面を多く取り入れ，今後の支援に生かせるような「学習評価」に努めていくことは必要だろう。例えば本校では「教科面談」を実施し，生徒，保護者と各教科担当者が生徒個々の課題やそれに向けた改善方法などについて直接話し合える機会を設けている。これは１年生と帰国生徒を対象としたものではあるが，それ以外の生徒も日々の授業終わりなどに相談や質問をしてくることが多く，教師と生徒が学習を話題に語り合う学校文化が根付いていると捉えることができる。生徒の学習面の成長に大きく関わる取組であるが，教師側も，授業中の発言ができなかったり上手に自分の考えを記述できなかったりする生徒の悩みなどに触れることで，自身の授業を省みる契機になっていることは間違いない。

［２］「学習プラン」などを用いた「道筋」の共有

　「学習プラン」などを用いた「道筋」の共有は，生徒が学びの見通しを持つ際や，ここまでの学びの振り返りをする際に，自らの学び具合を確認できる指針として役立っていることが分かった。特に「学習プラン」においては，ある生徒は「疑問にぶつかり困ったとき，プランに戻って今の自分の位置を確かめるために使用している。」と答え，別の生徒は「これまでに自分は何を身に付け，これからどんなことを身に付けるのか，自分なりの見通しを持つ際に使う。」と述べていた。これらのコメントは，学習の目標やそれに関わる評価規準などを通じて自分がどの方向へ進んでいるかを確認する上で「道筋」の共有が有益であること，それにより「見通す・振り返る」学習活動が，単なる「意気込み」や「感想」を述べるだけになっていないことを示している。

ただし，「振り返る際に少し見るが，実際はほとんど見ない。見過ぎると，そういう力を身に付けるのだと決めつけてしまう気がするから。」と，意図的に「学習プラン」と距離を保つことを心がけている生徒もいた。これは「道筋」による過度な意識化が，生徒の思考の固定化や，強制的な誘導へとつながる危険性をはらんでいることの示唆と捉えることができる。育成したい資質・能力を自覚させる程度にとどめておくことが，「道筋」を共有する際の意識すべき点と言えよう。

　また「学習プラン」は，生徒が今の自分に足りない部分を見いだそうとする際に活用されることが多い。だからこそ，そこに評価規準を記すとすれば，生徒が的確に捉えられるように，読んでイメージがわくような簡便な表現を目指すべきである。難しい言葉が羅列された評価規準は，教師の評価の視点が曖昧であることの裏返しであり，生徒が明確に規準を理解できてこそ，教師の評価の視点も明確であると言えるのではないだろうか。

　「道筋」の共有のため「学習プラン」などを作成することは，教師にとっても，資質・能力の育成を目指して生徒にどう取り組ませていくか，具体的なイメージをつくる上で効果的である。また，教師が生徒の学習状況を考慮し，次時以降の指導内容を検討する場合においても，「学習プラン」を確認しながら改善を図ることで，目標の実現に向けた調整がしやすいという利点がある。「道筋」の共有は，学習評価の側面からも大きな意義を持つ取組であることが分かった。

［3］「主体的に学習に取り組む態度」を見取る工夫

　「主体的に学習に取り組む態度」は，「記録するための評価」として信頼性の担保されたものでなければならない。なお『報告』では，この観点の評価を行う際に考慮する材料として「ノートやレポート等における記述」「授業中の発言」「教師による行動観察」「児童生徒による自己評価や相互評価等の状況」が例示されている（p.13）が，単体で見取ろうとすると見取りやすいものばかりを追ってしまう形式主義に陥ることが懸念される。よって，パフォーマンス課題など，他の観点と関連付けて見取る工夫を施すことが望ましいと言える。なお，本校の「主体的に学習に取り組む態度」を含めた「学びに向かう力」を育むための各教科等の「挑戦的な評価課題」を絡めた授業構想や実践の詳細は，本書籍第2部「各教科の実践」を参照されたい。

　私たち教師は生徒に「評価を与える」ことによって「差をつける」ことを目的としているわけではない。目標に準拠した評価であればなおさら，達成できていれば全員が「A評価」となることも，可能性としては考えられる。この観点の主旨は，自らの学習状況を把握するとともに，より広い見方や適切な表現などを身に付けることで，これらを今後の学習に生かそうとしたり，問題解決の過程を評価・改善しようとしたりして，意欲を持って学習に取り組んでいるかどうかの「意思的な側面」を総括的に評価することである。であれば，評価する時期や場面は，前述の通り，それらの表出がどの生徒からも見取りやすい単元（題材）の後半に設定するべきであり，表出を促すような問い方の工夫などを適切に施さなければならない。学習目標の実現状況を生徒各々に適切に還元し，観点別学習状況の評価に本来期待されている役割が十分発揮されるように努めていくことが必要である。

　ただし，情意面に関わる評価が「評定」によってラベリングされたり，入学者選抜などに使用されたりすることは果たして適切と言えるのか，今後も検討を重ねる必要があると本校としては捉えている。内面的な変容は記述や発言でどこまで表出されるか，それを見取るために準備した

評価基準はどこまで信頼性の高いものとして生徒や保護者から理解を得られるか，など問題は山積みである。だからこそ，私たち教師に今できることは，「学びに向かう力」の根幹である情意面を総括的に評価することが，形成的に評価する意義を薄めてしまうことにつながらぬように「支援」することを念頭に置いて，生徒の一つ一つの言葉や行動を注視していくことであろう。

(2) 総合的な学習の時間（TOFY）と「学びに向かう力」

昨年度，TOFYと「深い学び」とのつながりを探る中で，各教科等で働かせてきた「見方・考え方」や汎用的なスキルを自在に駆使したり統合したりしていく過程で，「学びの深まり」が実感されることが明らかになった。今年度は，その「学びの深まり」が生徒のその後の研究活動にどう影響を与えるかを追った。各教科等の学びを根拠に導き出した実験や調査で得た結果が，自身の立てた仮説に近ければ，そのまま結論へつなげてしまうことも珍しくない。しかしその中で見えたものは，いったん立ち止まり「そこまでの自身の足跡を再度たどって，批判的に考察する姿」や「見いだした根拠をより確かなものにしようと，別視点から事象を捉え直す姿」などであった。

生徒にとってTOFYのような「見せ場」は，学びの実感が促され，さらなる学びへと推進力を高める原動力となる。ただし，「場面」や「時間」などを単に与えるだけではなく，そこに具体的な問い方や指示があることによって，生徒は今後に生かせる糧を見つけられるのではないか。例えば，「△△について考えてみましょう。」と促すのではなく，『新解説（総合編）』で紹介されている「考える技法」（例示されている10個の技法と実践の様子は，本書籍 pp.23-27にて掲載している）を念頭に置き，より考え方を焦点化させた具体的な指示（例えば，「これらを◇◇という視点に沿って『順序付けて』みましょう。」など）をすることで，生徒自身が「考え方」そのものを見直したり，意識的に発揮・活用したりできるようになる。前述の「立ち止まって問い直す姿」は，まさにその「考え方」を発揮・活用してたどり着いた姿と言えよう。

各教科等の学びは，授業後ではまだ「点」の状態の生徒も多いかもしれない。しかし，適切な「場面」や「時間」を，適切な問い方や指示によって教師から与えられることで，生徒は「点」同士を比べたり並べたりするようになり，結び付けて「線」をつくり出すことができるようになったりもする。教師の適切なファシリテートの重要性が，TOFY活動からまた明らかとなった。

図4は，研究成果の発表後の振り返りで，「自身の研究を進めていく上で一番苦労したこと，そしてそれをどう乗り越えたか。」という問いに対する生徒の回答である。今後，学びを進めていく道程において，似たような場面に必ず出くわすだろう。しかし，ここまでの経験を糧にして自己調整しながら粘り強く取り組むことで，きっと現状打破を成し遂げてくれる。そんな姿を期待させてくれる記述である。

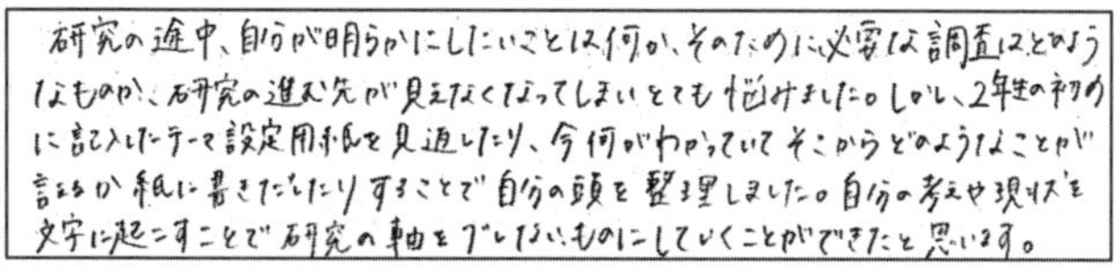
研究の途中、自分が明らかにしたいことは何か、そのために必要な調査はどのようなものか、研究の進む先が見えなくなってしまいとても悩みました。しかし、2年生の初めに記入したテーマ設定用紙を見返したり、今何がわかっていてそこからどのようなことが言えるか紙に書きだしたりすることで自分の頭を整理しました。自分の考えや現状を文字に起こすことで研究の軸をブレないものにしていくことができたと思います。

図4　TOFY成果発表会を終えた生徒の振り返りの記述

(3)「学びに向かう力」を育む指導と評価が生み出す姿とは

本校では，教師が全体指導で一斉に生徒に「教える」ことより，生徒各々が教師をはじめとした他者から「学ぶ」ことを重視し，実践を重ねてきた。それは，自ら操縦して学びへ向かってい

く姿こそ，私たち教師が実現したい生徒の「学ぶ姿」そのものだからである。そのような姿を一つでも多く生み出すためには，まず授業が，生徒にとって思い付いた考えを臆さず表現できる場でなければならない。であれば，いかに教師が普段から生徒の考えを読み取り授業の中で生かそうとしている姿にあふれているか，それに尽きる。教師のその姿を見て，生徒は自分の考えを表現したり他者の考えを読み取ったりすることに楽しさと安心感を抱けるようになるのである。

　そして，評価は「量の測定」ではなく「質の判定」でなければならない。しかし今の学校は，「形成的評価」をねらいとして生徒の学習状況を見取っても，改善の機会をなかなか確保してあげられず，結果「総括的評価」のようになってしまうことも珍しくない。また目標に準拠した評価であるにも関わらず，AやBなどの「評価」，あるいは3，4などの「評定」のみが取り上げられ，そうなった理由やその不足を埋める具体的な手立てなどの情報が生徒自身に届いていない状況も散見される。だからこそ，今回の改訂を授業と評価のあり方を問い直す絶好の機会と捉えるべきではないだろうか。

　ある日，国語教師から「『話し合う』という言語活動を国語科だけでは扱いきれない。全職員ともっと理解を深めたい。」と要望が出た。言語活動を支える要である国語科の系統表を基に，言語活動を推進する上での確認事項を年度当初に共有していたが，更なる必要性を訴えての発言だった。『新学習指導要領』では，「カリキュラム・マネジメント」の重要性が謳われているが，その実現には，生徒に各教科等の学びがどう映り，どう関連付けられ，どう生かされていくかを生徒の目線に立って見渡したりイメージしたりすることが必要となる。学校の理念に基づき地域や生徒の実態に応じた指導と，その生徒の育成にどう関わっていくべきかを見極めた適切な支援を，「チーム学校」として一層強めていくことが私たち教師の今後の大きな責務であろう。

　最後に，今年度の研究を結ぶに当たり，「私たち教師が，各教科等で『学びに向かう力』を育もうと指導を重ねていくと，どのような生徒の姿が形成されると思うか」を改めて本校教員に聞いた。「教科の本質を自分の言葉で語れる姿」「自ら課題を発見し，よりよい方法や考え方を模索しながら前向きに取り組める姿」などが答えとして返ってきた。表現に違いはあれ，本質的には年度当初と変わらない答えだった。私たち教師も，この不変な目標（ゴール）の実現を目指し，自身の指導と評価のあり方を見つめ直し，「学びに向かう力」を高めていかなければならない。

●参考・引用文献
1）石井英真（2019）「観点別学習状況─新三観点と情意領域の評価をどう考えるか」，『指導と評価』（2019年5月号 No.773），図書文化
2）石井英真（2017）『中教審「答申」を読み解く』，日本標準
3）石井英真（2015）『今求められる学力と学びとは─コンピテンシー・ベースのカリキュラムの光と影』，日本標準
4）石井英真（2012）「学力向上」，篠原清昭編『学校改善マネジメント』，ミネルヴァ書房
5）髙木展郎（2019）『評価が変わる，授業を変える』，三省堂

〈「プロセス重視の学習指導案」の見方〉

プロセス重視の学習指導案

国語科　学習指導案

横浜国立大学教育学部附属横浜中学校　　土持　知也

1　**対象・日時**　　２年Ａ組　令和元年６月３日（月）６校時

2　**本単元で育成したい資質・能力（評価規準）**

本単元（題材）で，とくにターゲットとなる指導事項について，『新学習指導要領』と国立教育政策研究所による各県等の指導主事対象の説明会において示された方針（令和元年11月現在）に基づいて，評価規準を記載しています。

知識・技能	思考・判断・表現	主体的に学習に取り組む態度
①情報と情報との関係の様々な表し方を理解し使っている。	②登場人物の言動の意味などについて考えたりして，内容を解釈している。	③登場人物の言動の意味などについて粘り強く考え，学習課題に沿って演技プランを作成しようとしている。

本単元（題材）の内容に関する説明を，その単元の意義や生徒にとっての学びの必然性を踏まえて記載しています。

3　**単元「演じることを通して読みを深める」について**

　　内容を解釈していく過程で，登場人物の行動・言動描写を根拠としながら，人物像を考えていくことは，従来の授業でも多く実践されてきた。しかし，登場人物の言動に着目し，その言葉がどのような間で，声の調子で，声（言葉）の強さで表現されているのかに注目されてきたことは，少なかったように思う。よって，本単元においては，学習課題の「演じる」ことを通して，演技の根拠となる文章の解釈を共有し，一人一人の読みの解釈を確かなものにさせていきたい。

　　また，言葉（セリフ）がない場面においても，登場人物がどのような立ち振る舞いなのか，一人一人が頭の中で描く姿は異なる。言葉（セリフ）がない場面でも，本文を根拠とした人物像を踏まえながら，一人一人が想像する人物の立ち振る舞いを共有していき，内容の解釈の深まりにつなげさせたい。

4　**生徒の学びの履歴**

　　「登場人物の言動の意味などについて考えたりして，内容を解釈すること」は，１年時の「場面と場面，場面と描写などを結び付けたりして，内容を解釈すること」とつながっている。この資質・能力を育むために，１年時には『少年の日の思い出』という教材で，「少年の日の思い出 After・Another ストーリーを作ろう」という学習課題を通じて，それぞれの場面における，登場人物の言動や行動描写に着目し，さらに筆者の文章の書きぶりなども意識しながら物語を創作した。本単元では，登場人物の言動や行動描写に注目するのと同時に，場面と場面ごとにおける人物の描写に注目したり，人物の心情や，その変化に注目しながら文章の全体を俯瞰したり，文章全体の中における，ある一場面に注目したりすることを心がけて文学的文章の読解を行ってきた。

　　本単元の学習課題である「演じる」ことを通して，それを他者と交流したり，一緒に演技プランをつくり上げて共有していったりすることで，文学的文章の全体・細部にわたっての解釈を自分で問い直し，より個人の「読み」を確かなものにしていくことができると考えられる。

教科の本質を踏まえて，生徒のこれまでの学びと本単元（題材）との関連性について説明しています。また，生徒の学びに対する教師の願いも含めます。

<指導案－p.1>

5　資質・能力育成のプロセス（5時間扱い，本時◻は4時間目）

（見開き（pp. 2-3）で，単元等における授業者の指導と評価，生徒の活動を概観できるように記載しています。）

次	時	評価規準 （①から③は，2の評価規準の番号）	【　】内は評価方法 及び Cの生徒への手立て
1	1 ｜ 3	知①　「僕」の「ぐうちゃん」に対する心情が分かる記述に着目しながら，心情曲線を書いている。（○）	【ワークシートの記述の確認】 C：読み取れる心情を確認し，根拠となる部分は本文のどこから見付けてきたのかを確認させる。
		思②　「僕」や「ぐうちゃん」など，登場人物の言動の意味や心情が読み取れる描写に着目しながら，自分の演技プランやナレーションを作成している。（○）	【ワークシートの記述の確認】 C：具体的な演技プランを支える根拠を本文から示すように助言する。 　表現したい心情が伝わるように，ナレーションに入れる内容を取捨選択するように助言する。
2	4	態③　登場人物の言動の意味などについて粘り強く考えて，学習課題に沿ってよりよい演技プランを作成しようとしている。（○）	【話し合いの内容の確認】 C：話し合いにおける発言が，本文のどこを根拠にしているのか，また心情をどのように解釈しているか，などを確認しながら進めるように促す。
3	5	思②　「僕」や「ぐうちゃん」など，登場人物の言動の意味や心情が読み取れる描写に着目し，本文を根拠としながら自分の演技プランを考えている。（◎）	【ワークシートの記述の分析】 C：個で作成した演技プランを軸にしながら，前時の交流や本時のグループ間交流で参考になった意見などを想起させ，自分の演技プランに生かすように促す。
		態③　振り返りの視点を意識し，本単元で身に付けたい力が身に付いたかどうかを，授業の具体的な場面を想起しながら振り返ろうとしている。（◎）	【振り返りの記述の分析】 C：学習プランと演技プランを見ながら，自分の読みがどの段階で深まったと実感できるか考えるように助言する。

（評価の観点と丸番号は，指導案p.1の2「本単元で育成したい資質・能力（評価規準）」に対応しています。その際「知識・技能」の観点は，教科によってその特性に応じて，「知」と「技」に分けて表記しています。なお本書籍の第2部「各教科の実践」では，丸番号は省略しています。）

（評価の過負担を避けるためにも，指導に生かすための評価（○）と記録するための評価（◎）に整理しています。）

<指導案－p.2>

主たる学習活動	指導上の留意点	時
・（学習プランで）本単元の見通しを持ち，身に付けたい力を確認する。 ・本文の範読を聞き，読めない漢字や意味の分からない語句をチェックする。 ・3〜4人で本文を音読する。 ・個人で本文を再読し，「僕」の「ぐうちゃん」に対する心情をワークシートにまとめる（心情曲線）。 ・国語係による，『少年の日の思い出』の演技を見る。 ・学習課題を確認し，本単元のゴールを確認する。 学習課題 【『アイスプラネット』 〜悠君の心情を読み取り演技プランを作ろう〜】 ○「勝手に行けばいいじゃないか。」 ○「ほらばっかりだったじゃないか。」 ○外国に旅立った4ヶ月後，ぐうちゃんから手紙が届き，それを読む場面。 ・発表のグループを確認し，どの場面を演技するか決める。 ・個人で本文を読み，心情描写・行動描写，作成した心情曲線を根拠としながら，演技プランを作成する。 ・演じる場面にふさわしいナレーションを作成する。	・本単元の学習の流れと，身に付けたい力，評価するポイントとタイミングを確認する。 ・本文の中の言葉に特に注目するように声をかけ，適宜辞書を引いて意味を調べるように促す。 ・心情曲線を作成する際は，読み取った心情の根拠を明らかにするように助言する。 ・『少年の日の思い出』のあらすじを確認する。 ・国語係から，演技のポイントやナレーションの効果，本単元における学習課題のポイントについて話をさせ，全体で共有する。 本単元（題材）の中心となる課題や単元を貫く問題意識を□で囲んで提示しています。 ・演技プランを作成する際の根拠は本文や心情曲線から求めることを確認する。 ・ナレーションは，演じる場面の前後がつながるように作るように促す。	1 ― 3
・グループで演技プランを共有し，演技プランを一つつくる。 ・演技の場面のナレーションを共有し，ナレーションを一つつくる。 ・ナレーションを付け，演技の練習を行い，自分たちの演技プランが場面に相応しいか確認する。	・グループで演技プランを作成する際は，それぞれのプランの根拠を確認し，文章全体の中での一場面の心情を表現するように声かけをする。 ・ナレーションを含めて，グループで表現したい「僕」の心情が実現できているか，確認をさせる。	4
・各グループのナレーション・演技を確認する。 ・グループ同士で交流し，お互いの演技を見合う。 ・お互いに披露した演技について，どのようなプランを作成したのか，確認し合う。 ・グループで交流の振り返りをする。 ・個人で，演技プランについてまとめる。 ・本単元の振り返りをする。 振り返りの視点 ①73期生（本校1年生）が「少年の日の思い出」で演技プランを作成し，読みを深めていこうとしています。どのようなアドバイスを送りますか。 ②どの場面で「自分の読みが深まった」と実感できましたか。また，どうして深まったと言えますか。 ③今後，文学的文章を読む際に，本単元の学習がどのように生きてくると思いますか。	・演技プランの根拠となる本文の解釈や，心情曲線，物語の全体と演技した場面に注目して交流するように促す。 ・他のグループの演技を見て，自分たちの演技プランの根拠となった本文の解釈について振り返りをするように促す。 ・グループで作成した演技プランと，本時の交流を参考に，再度，個で演技プランを修正させる。 ・本単元の振り返りでは，自分が一番深く考え，書けるテーマを選択するように促す。 ・本単元の振り返りを提出する前に，グループで相互チェックしてから提出するように促す。	5

<指導案－p.3>

6 「学びに向かう力」を高めていくための授業デザ

【「学びに向かう力」が高まっている生徒の姿】
本文を根拠にしながら，自分の解釈を互いに伝え合い，演技プランをよりよいものにしようとしている姿

> 本単元（題材）を通じて『「学びに向かう力」の高まりがこんな姿で表出されると望ましい』と思える姿を書いています。本単元（題材）ではこの姿の実現を目指して授業を展開します。

【「学びに向かう力」を高めていくための指導の工夫】

> 上記の「生徒の姿」を実現するための指導の工夫です。本書籍理論編で整理した指導の工夫の中から，教科の特質や学習課題に応じて，具体的に説明しています。

1．単元の入口の工夫
　本単元の導入では，国語係と一緒に，既習の題材である『少年の日の思い出』を用いて，予習課題の「演じる」ことを披露した。演技として扱った部分は，「そうか，そうか，つまり君はそんなやつなんだな」というエーミールの言葉と，最後の場面における，僕（客）が，真っ暗な部屋の中で大切なチョウを一つ一つ手でつぶしてしまう場面である。この二つの場面は特に生徒の中で印象深く残っているので，単元の導入部分で，「演じる」ことについて見せる例として最適であると考えられる。身に付けさせたい力を意識させるために，演技プランを作成する中で，どのような描写に着目したかなど，学習のポイントを整理して国語係から伝えさせ，自分たちで授業をつくっていく意識付けをさせたい。また，国語係が演じ，学習のポイントを伝えることによって，他の生徒もゴールをイメージしやすくなり，本単元の学習課題が明確になり，単元全体の見通しを持たせることができると考えられる。

2．単元の展開の工夫
　学習プランを用いて，本単元の目標や学習のポイントを意識付けできるように声かけをしていきたい。さらに学習のポイントとして，それぞれが演技プランを作成した際の本文の読解のズレを大切にし，交流させたい。そのためには，グループ内の交流やグループ間の交流の際に，演技プランの根拠は本文の記述（心情描写・行動描写），各自が作成した心情曲線であることを確認し，本文テキストや，そこから読み取ったことを常に根拠として交流するように意識させたい。また，グループ交流を注視し，困っているグループを見付けたら全体で取り上げ，生徒たちの言葉（助言）で，解決できるように促したい。そして展開によっては，よい交流の姿が見られるグループを例に示し，全体で共有することで，学習のポイントを整理することも視野に入れ，単元を展開していきたい。

3．単元の出口の工夫
　各グループの演技を共有し，自分たちの演技プランと異なる点はどこか，また，演技プランの作成に当たって根拠となった記述はどこなのかを確認する時間をしっかり確保し，お互いの演技プランを作成するまでのプロセスを確認させたい。そして，グループ間の交流の後，再度それぞれのグループに戻り，自分たちの演技プランの振り返りをさせたい。学習の流れ（個→グループ→グループ間交流→グループ→個）を確認し，学習プランを見ながら単元全体を見渡し，振り返りを行わせたい。

○「主体的に学習に取り組む態度」を見取る工夫
　学習プランを用いて，毎時間の流れなどを確認しながら本単元の振り返りを行った。付けたい力を意識して振り返りをさせるために，前ページの3点の「振り返りの視点（キーワード）」を示したい。
　また，振り返りを提出する前に，グループで相互チェックを行い，付けたい力を意識した振り返りが書けているか確認をさせてから提出させたい。

【本単元での指導事項】　※（既習）は既習事項
・目的に応じて複数の情報を整理しながら適切な情
　考えたりして，内容を解釈すること。（2年　読む
・情報と情報との関係の様々な表し方を理解し使うこと。（2年　知識及び技能（2）イ）

> ここには本単元（題材）の課題解決に必要となると考えられる指導事項を，あらかじめ既習事項を含めて整理します。「学びを支える」という意味で授業デザインの最下段にまとめました。

【本単元における，総合的な学習の時間（TOFY）とのつながり】
・本単元では，本文から読み取った「ぐうちゃん」に対する「僕」の心情を，一覧性のある心情曲線に書き表した。テキストから読み取った情報を，一覧できる図表などで表現できることは，TOFYのプレゼン資料の作成などに役立つスキルであると考えられる。

> ここには本単元（題材）での学びのどのような側面が，総合的な学習の時間のどのような側面に生かされるのかを整理しています。そして，それぞれの学びが往還によってより身に付いていくと考え，矢印を双方向で示しています。

【参考文献】
第80回　国語教育全国大会（日本国語教育学会主催）「読むこと」の授業実践　（埼玉大学教育学部附属中学校　廿樂裕貴）

本校の特色ある教育活動と「学びに向かう力」との関わり

1 総合的な学習の時間との関わり

（1）「TOFY」における具体的な取組

　ここでは，本校の TOFY 活動における，具体的取組について触れていきたい。

『新解説（総合編）』において，「考えるための技法」（以下，「技法」）が以下のように10個例示されている。これらの多くは普段無意識のうちに行っているものがほとんどであるが，明確な目的意識のもとでその「考え方」を自覚的に発揮することができるようになれば，より本質的な理解や更なる発見へとつながると，本校としては捉えている。

○順序付ける…複数の対象について，ある視点や条件に沿って対象を並び替える。

○比較する…複数の対象について，ある視点から共通点や相違点を明らかにする。

○分類する…複数の対象について，ある視点から共通点のあるもの同士をまとめる。

○関連付ける…複数の対象がどんな関係にあるかを見付ける。ある対象に関係するものを見付けて増やしていく。

○多面的に見る・多角的に見る…対象の持つ複数の性質に着目したり，異なる複数の角度から捉えたりする。

○理由付ける（原因や根拠を見付ける）…対象の理由や原因，根拠を見付けたり予想したりする。

○見通す（結果を予想する）…見通しを立てる。物事の結果を予想する。

○具体化する（個別化する，分解する）…対象に関する上位概念・規則に当てはまる具体例を挙げたり，対象を構成する下位概念や要素に分けたりする。

○抽象化する（一般化する，統合する）…対象に関する上位概念や法則を挙げたり，複数の対象を一つにまとめたりする。

○構造化する…考えを構造的（網構造・層構造など）に整理する。

　また『新解説（総合編）』では，「技法」を汎用的なものとして身に付ける上で，「どのような課題解決に，どのような理由で，どのような『考えるための技法』が有効なのかを考え，実際に試し，うまくいったりいかなかったりする経験を積むこと」の重要性に触れている（p.80）。TOFY は，各教科特有の見方・考え方を働かせたり，教科を横断して広い視野で捉えたりすることが求められる場であり，それゆえ「技法」を組み合わせたり関連付けたりしていくことは，分析や考察を深めていくには非常に効果的である。学びの経験値を積み上げていく上で，TOFY はまさに本校の中で格好の「見せ場」に位置付けられていると言えよう。

以下は今年度の各講座（人文・社会科学講座，科学技術講座，健康科学講座，芸術講座）における具体的な研究内容や様子を，どのような場面でどの「技法」が活用されていたかを加えて紹介したものである。なお，3年間を通しての各学年でのTOFYの具体的な取組内容においては，『附属横浜中』（2018）（2019）を参照されたい。

※本校では，横浜国立大学と連携して生徒一人一台のタブレットパソコン（以下，TPC）環境を構築し，学校教育に必要なICTを利活用した研究活動や授業実践を推進している。TOFYにおいても，各自の研究に関わる情報の収集やデータの分析，webアプリを用いてのアンケートの実施や集約など，利活用は多岐にわたる。また，研究成果を発表する際も，研究内容をスライド形式にまとめ，図1のように使用している。

図1　TOFY成果発表の様子

（2）各講座の取組
〇人文・社会科学講座
「チケットの不正転売の影響とこれからの対策とは」

　生徒Aは，チケットが取れないことがあるのにインターネット上ではそれが高額に転売されていることを問題視し，「少しでも不正転売を減らしたい」という動機から研究を始めた。生徒Aは「不正転売者が転売しようと思っても意味をなさなくなる販売方法ができれば，不正転売はなくなるのではないか」という仮説を立てて研究を進めた。この研究については多くの先行研究が存在し，その論文を読んでまとめるだけの作業にならないようにオリジナルの対策案を示すことを研究のゴールに設定した。研究を進めるに当たっては，「不正転売規制法」などの現状の取組や問題点を把握する必要があり，コンサート運営会社だけでなく弁護士へのインタビューも実施し，よりよい対策方法について検討を重ねた。また，アンケートも校内以外にSNSを有効活用しながら，幅広い年代へ調査を行った。その中で，電子チケットは有効な手段の一つと当初は判断していたが，システムの不具合などで機能不全に陥ることを多くの人が懸念していることが分かった（図2）。

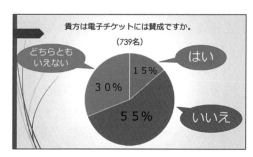

図2　電子チケットに対するアンケート結果

　最終的に生徒Aは，海外のチケット販売方法にならって公式転売サイトの充実化を図ることや，販売に仮想通貨を利用することで転売者の身元を明らかにして，転売自体を無効化する方法などを具体化した対策案として結論付けた。

　この研究は非常に論理立てて進められており，数学や社会で育まれてきた「多面的・多角的に見る」考え方が十分に発揮されていた。また，レポートや発表時においても，国語で磨いてきた語彙力や，英語で得た簡単な言葉で端的に話すという言葉選択の力が活用されていた。

〇科学技術講座
「知って得する電車の安全な乗り方とは　～つり革の持ち方から考える～」
　「大きな揺れに差し掛かった際に転倒してしまった経験から，安心できるつり革の持ち方を研究によって導き出したい」という動機から，生徒Bの研究は始まった。まず手の離れ方について文献調査や実証実験を行い，握ることに対し重要な役割を果たしている親指が離れにくい握り方をすることが安定性を高めることにつながると結論付け，親指を人差し指でくるむように握ってつり革をつかむ方法（「OK持ち」と命名）が最も安定性の高い持ち方であると仮説を立てた。そして図3のように，「OK持ち」を含んだ様々な持ち方で引っ張り実験や振動計測実験を行い，「OK持ち」の安定性の高さを数値やグラフの波形から立証した。最終的には，実際に鉄道会社に足を運んで「OK持ち」の安定性をアピールしたり，図4のようなポスターを作成して校地内に掲示し周知活動を行ったりして，研究成果の発信に努めた。実際，モニター調査に協力した3年生全体では，半数以上の生徒が今までの持ち方よりも「OK持ち」の方が安定性に長けていると回答していた。

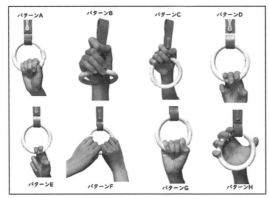

図3　実験したつり革の持ち方　　　　　図4　啓発ポスター

　この研究における様々な持ち方での対照実験は，立っている姿勢やその位置，実験を行う路線の種類や区間，急行か各停かまで条件を統一して「比較する」ことを行っており，それにより信頼度の高い結果を抽出することができていた。また「OK持ち」が優れた持ち方であると結論付ける際も，「強い引っ張りに対する耐久性」と「振動の伝わりにくさ」という二つの側面から安定性を「多面的に見る」ことで根拠をより明確なものへと結び付けることができていた。

〇健康科学講座
「勉強の集中力を保つにはどうしたらいいのか」
　生徒Cは勉強中に集中の質が落ちてきてしまった自身の体験を振り返り，「集中力を保つ方法を調査し，今後の受験勉強や高校生活に活用したい」という動機から調査，研究を始めた。
　文献調査から「音の無い状況より音のある状況の方が集中できるのではないか」と仮説を立てた生徒Cは，附属中2，3年生を対象にアンケートを取ったり，実際に様々なジャンルの音楽を流しながら課題に取り組んでもらい正答数を比較したりして，音楽と集中の関係性や，言語やリズムなどの違いからどのジャンルが集中しやすいのかを立証した（図5）。また運動と集中の

関係性についても，運動をすることで血流がよくなり脳に新鮮な酸素が送られることを基に「運動をすることによって集中力が高まるのではないか」と仮説を立てた。そして，今度は運動部の生徒のみを対象に実験とアンケートを行い，運動時間と集中力に相関が見られるか，またどのような運動が最も効果的と判断できるかを分析した。生徒Cは，以上の研究を基に，勉強中に流す音楽は，図6のように自分が今まであまり聞

図5　実験の様子

いたことがない音楽やクラシックなどの歌詞の無い音楽が最適であること，運動は10〜15分程度で肩回りを動かすものを取り入れることが特に効果的であることを，研究の成果として発信した。

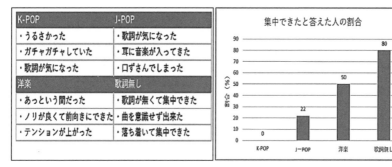

図6　音楽のジャンルと集中力の関係性

　この研究では，目に見えない「集中力」の読み取り方をどうするか考える際に「音楽」と「体育」という2教科と「関連付け」て可視化を図ったり，「理由付け」たりすることができていた。また，条件を変えた実験を複数回行って結果の比較を繰り返すことで，目に見えない「集中」という対象を「集中したらどのような状態になるか」という「具体化し」た形で結果へとつなげられていた。

○芸術講座
「シチュエーションと「聴きたい」と思う歌の関係とは　〜外国人との比較から考える〜」

　自分自身の経験から，歌と感情には強いつながりがあると感じていた生徒Dは，「人が様々なシチュエーションにおいて聴きたいと思うのはどのような歌か，また日本人と外国人ではそこに違いがあるのかを知りたい」という動機から研究を始めた。まず文献調査では，人は歌を聴いていると感情をもたらす脳内物質が多く分泌されるという知見から，歌が感情に強く影響を与える科学的根拠を得た。次に，歌に対して自分を癒してくれたり励ましてくれたりする効果を多くの人が求めているというアンケートデータに着目し，「肉体的に疲れた時」と「精神的に疲れた時」の二つのシチュエーションに絞って研究を進めた。具体的には，曲の音楽的要素が人にもたらす影響と，歌詞に着目した楽曲リストを作成し，二つのシチュエーションで聴きたい歌についての実験を行った。これらを基に，外国人と日本人の比較（図7）を交えながら，人はシチュエーションによって意識して聴いている歌の要素や歌の特徴が異なること，自分がなりたい状態によって聴きたい

曲の特徴が違うという結論を導き出した。そして最終的に，日本人が効果的に自分の感情をコントロールできるプレイリストを作成し，提言とした。

　この研究では文献や実験などの結果を根拠に，「理由付け」て論じることができていた。特に，アンケートや実験結果を「比較・分類する」に当たっては，最大値だけではなく最小値や増減の割合に目を向けてみるなどの「多角的に見る」ことによる分析がなされており，導き出された結論がより深まったと言える。

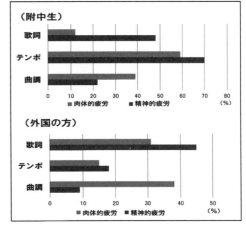

図7　意識して聞いている歌の要素の比較

2　道徳教育における試み

（1）本校における道徳教育

　道徳教育に係る評価等の在り方に関する専門家会議「『特別の教科　道徳』の指導方法・評価等について（報告）」（平成28年7月22日）では「学びに向かう力，人間性等」について「よりよく生きるための基盤となる道徳性を養うため，道徳的諸価値についての理解を基に，自己を見つめ，物事を（広い視野から）多面的・多角的に考え，自己（人間として）の生き方についての考えを深める。」と述べられている（p.4）。

　本校の道徳授業においては，「学びに向かう力」の育成を目指し，本校生徒の実態に沿って，意図のある導入や発問を含めて授業構想をしている。課題や題材に生徒自らが真摯に向き合うために，まず，教師が題材をよく読みこんだり，内容項目について自らに問いかけたりする機会をつくっている。授業後はポートフォリオの生徒の記述から，生徒が課題を通じて考えを深められていたかを見取り，生徒へのアプローチとともに，教師側もさらなる改善を目指して授業内容を精査し，次の授業や内容項目で迫るように心がけている。

（2）実践の様子

　授業構想の視点は，この題材や内容項目で，①生徒にどのように自己を見つめさせるか，そのために②多面的・多角的に考えられるように教師はどう発問するか，③どのように他教科や実生活とのつながりを実感させるか，の3点である。これらについての実践を以下で紹介する。

①実践1「道徳的価値の理解を自分自身との関わりで深める」（3学年）

　題材「好きな仕事か安定かなやんでいる」（内容項目：勤労）では，高校受験の先の「将来の生き方について考え，充実した生き方を追求し実現しようとする心情」や「勤労の尊さや意義」について考えることをねらいとした。中心教材となる投書を読み，「『理想的な生き方』と『現実的な生き方』，自分ならどちらを選ぶか」について心情円を用いて意見を交換させた。生徒は自分や周りの意見が可視化されたことで，考えを明確に伝えやすくなり，積極的に対話できていた。また，「投書の主に自分が友人としてアドバイスをするなら」をテーマに意見共有させた後，投書に寄せられた四つの意見から，自分が一番共感した意見とその理由を考えさせた。

生徒の振り返りからは，視野が広がって心揺さぶられたり勇気付けられたりしている様子が多く伝わってきた。また「（投書の大学生は）自分がどんな人になりたいかという未来を考えられているから悩んでいる。周りに流されて何も考えずに選んでしまうよりずっといいと思う。」と，自己の生き方と照らし合わせて深く考えていく様子が見られた。

② 実践2「一面的な見方から多面的・多角的な見方へ発展させる」（1学年）
　題材「決断！骨髄バンク移植第一号」（内容項目：生命の尊さ）では，授業のねらいを「骨髄バンクにおいての臓器提供で心揺さぶられる話から，自らの命を考えるとともに他者の命を尊重する心情を養う」こととした。
　中心発問として，骨髄バンクに登録していた自分に臓器提供を求める連絡がきたとき，「提供する」「断る」という二つの気持ちを割合で表す活動を取り入れた。その際，「心のものさし」で表し，それを根拠に伝えさせることで考えを共有しやすくした。また，自分の気持ちを整理する際，患者，ドナー，家族の気持ちを含めて考えるように働きかけた。生徒の振り返りには，「自分がどう思うかだけでなく，様々な立場の人の気持ちを考えることで，提供する気持ちの割合が増えた。」などの記述があり，複数の立場から問題を考えている様子が見られた。

③実践3「他教科等との関連付け」（2学年）
　題材「心でいただく伝統の味」（内容項目：我が国の伝統と文化の尊重，国を愛する態度）では「和食を通して日本文化のよさについて話し合い，日本の伝統と文化を継承するとともに新しい文化を想像してその発展に努めようとする意欲を高める」ことをねらいとした。導入では家庭科の［地域の食文化，地域の食材を用いた和食の調理］について，知っていることや学んだことを挙げさせた。さらに英語科で作成した「旅のしおり」で各地の和食を紹介したことにも触れた。また，前時の道徳テーマ［郷土の伝統・文化］ともつなげて中心発問を作成して，「和食」や「文化とは」というテーマで多角的にアプローチをした。
　生徒の振り返りでは，「文化や伝統にある思いなどを残していくことが大切だと思った。」「その時代に合わせて文化を変えていくことも大事だと思った。」と書かれており，ある程度ねらいに近づけられたが，他教科等と関連付けたことがどれほど影響したかは明らかになっていないため，取組を継続して成果へとつなげたい。

（3）成果と課題
　本校では今年度より「道徳ポートフォリオ」を使用している。最初と最後の考えが比較しやすくなった上に，話し合いの内容のメモスペースもあり，生徒によっては思考ツールを活用してまとめている。授業での発言とともにこのポートフォリオの記述などからも，認め励ます評価を行いやすくなり，「考え・議論する道徳」の授業の質の向上につながっていると感じている。
　授業実践については，各自が持つコツや困っていること，教科調査官からいただいた指摘を複数回の会議を通して共有し，指導上の重要な点について全教師で理解を深めることができた。現在は，各自が前向きに授業改善に臨んでいるところである。今後は，実践の3つの視点が生徒たちにどのように意識されているのかを見取る方法について追究していきたい。

第 2 部

各教科の
実践

国語科
社会科
数学科
理　科
音楽科
美術科
保健体育科
技術・家庭科
英語科
学校保健

▌第2部｜各教科の実践▌

国 語 科

実践例①〜④

1　国語科が考える「学びに向かう力」を育む指導と評価のポイント

　『新学習指導要領』では，「学びに向かう力，人間性等」に関する教科の目標として「言葉がもつ価値を認識するとともに，言語感覚を豊かにし，我が国の言語文化に関わり，国語を尊重してその能力の向上を図る態度を養う」ということが示されている。

　本校の国語科では，「言葉によって自分の考えを形成したり新しい考えを生み出したり，言葉から様々なことを感じたり，感じたことを言葉にして表現し心を豊かにしたり，言葉を通して人や社会と関わり，自他の存在について理解を深めたり」と，様々な言語活動の中で，言葉が持つ価値を生徒に自覚させることを大切にしてきた（『附属横浜中』(2019)）。さらに今年度は，言葉への自覚が高まっていく中で，もう一度言葉に戻って対象を捉えたり，問い直したり，意味付けしたり，価値付けたりと，言葉を通して試行錯誤し，課題や他者と粘り強く向き合う姿を目指していきたい。そして，「自分の言葉」を持って次の学びに向かう生徒を育てていきたい。

（1）「主体的・対話的で深い学び」の実現に向けた授業改善の工夫

　昨年度，本校国語科では「学びの深まりを生み出す」授業づくりの工夫として三つの視点で生徒の姿を考えた。

　①「主体的」　…生徒自ら進んで課題に取り組み没頭している姿
　②「対話的」　…他者との交流を通して考えを深めている姿
　③「深い学び」…課題に没頭していく中で，「ああ，そうだったのか」と思える瞬間を生徒自身が言葉によって自覚している姿

　教科の本質的な学びを生徒が実感するためには，生徒たち自ら「やってみたい」と思える課題の設定が不可欠である。夢中になって考え，本気で対話する必然性のある課題に取り組むことで，生徒自身の経験の中に学びの深まりが現れると捉えた。そうした経験を繰り返すことで，自然と問いを見いだし，その問いに対して考えていこうとする姿が現れ，新たな「学びに向かう力」が育まれ，そして発揮されていくのではないかと考える。

（2）「主体的に学習に取り組む態度」の指導と評価の一体を目指した工夫

　令和元年11月に行われた国立教育政策研究所による各県等の指導主事対象の説明会において，「主体的に学習に取り組む態度」の評価については，各教科等の観点の趣旨に照らし，「知識及び技能を獲得したり，思考力，判断力，表現力等を身に付けたりすることに向けた粘り強い取組の中で，自らの学習を調整しようとしているかどうかという意思的な側面を評価する」ことが重要であるとされている。「粘り強さ」と「学習の調整」の二つのキーワードを踏まえた上で，単元の中で特に粘り強さを発揮してほしい内容と，自らの学習の調整が必要となる具体的な言語活動を考えて授業を構想し，評価規準を設定することが重要である。よって本校国語科では，資質・

能力を育むために設定した言語活動が適切かどうかを十分に検討し，具体的な学習活動を構想しながら「主体的に学習に取り組む態度」の評価規準を設定し，指導と評価が一体となるよう目指してきた。

（3）「主体的に学習に取り組む態度」を見取る工夫

　今年度も国語科では見通しと振り返りを大切にして授業を実践してきた。見通しを持たせる一つの工夫として「学習プラン」を提示し，身に付けさせたい資質・能力を全体で共有し，生徒自身が学びを自覚的に捉えられるようにした。そうすることによって，多くの生徒から，学習プランを参考にしながら，単元全体を俯瞰して，身に付けたい資質・能力を獲得していく過程に見通しを持っている姿が見られた。また，ただ「振り返りなさい」と問うのではなく，いくつかの振り返りの視点を与え，生徒が自分の学びに対して自分の言葉で価値付けができるように工夫をした。こうすることによって，単元における本質的なねらいに沿った振り返りが行えるだけでなく，学習者が自らの学習の調整をどう図ろうとしてきたかという意思的な側面を見取る一助になると考えられる。

2　成果と課題

　昨年度の研究の成果から，今年度も「言葉への認識を深めていく」こと，「資質・能力は言語活動を通して育成する」ことを改めて大切にしてきた。

　1年生の実践では，リーフレットを取る相手が「来年度の1年生＝後輩」であることを意識して，辞書的な言葉の正しさや日本語の美しさだけではなく，その言葉を使う際に適切かどうかを互いに吟味する姿が見られた。

　2年生の実践では，身に付けたい資質・能力や言語活動について振り返るだけでなく，意見や考えの対立が起きても，温かい雰囲気が生まれて，建設的な話し合いが促進されていく言葉の働きに気付く姿があった。

　1・2年の合同授業実践では，先輩からの言葉に耳を傾け，理解したことや課題を克服するために必要なことについて，懸命に仲間と伝え合う1年生の姿があった。また，1年生が学ぶ姿を見て，自分たちの学びの履歴について振り返り，これまでの学びに改めて価値付けをしている2年生の姿もあった。

　どの実践においても，「言葉」というものが重要な働きをしており，また，改めて教科の本質の重要な位置付けにあると認識することができた。

　しかし，その「言葉」の獲得については，質と量の両面にまだまだ課題が残る。子供たちに自覚的に「言葉」を獲得させていくためには，これからも指導と評価を一体化させ，意図的・計画的に授業を構想し，さらに学習の課題に必然性を持たせて「言葉」と出会うきっかけをつくっていかなければならないと感じている。

国語科実践例①

1 単元を通じて実現を目指す「学びに向かう力」が高まっている生徒の姿

来年度の１年生にとって，職業体験の業種選択の参考になるように，叙述の仕方や表現を工夫し，リーフレットをよりよいものにしようと試行錯誤する姿。

2 単元について

本校では１年生の10月に職場体験を行い，事後学習として自身の学びを新聞やレポートにまとめることが通例となっている。

人に何か情報を伝える文章を書く際には，相手や目的に応じて，必要なことや伝えるべきことを整理して書かなくてはならない。しかし，生徒が委員会や係で作成するものは，情報の取捨選択が上手くいかず，形式的で自分本位なものになっていることが多い。そこで，相手を具体的に想定し，その相手の立場に立って情報を整理する力や，自身が伝えたいことを目的に沿って的確に表現する力を育成するために本単元と学習課題を設定した。指導事項は以下の通りである。
【思考・判断・表現】１年書くこと　ア・エ
【知識及び技能】（2）イ

なお，収集した情報を表現する際には，文章の種類や表現形式といった特徴を理解していることが前提となる。そこで本単元では，生徒の身近にある，様々な表現形式の資料を比べ，違いに気付かせ，効果を確認させた。

自分の書いた文章を改めて読み手の立場から見直し，言葉そのものや叙述の仕方について適切かどうか検討を重ね，よりよいものに仕上げようとする姿は，TOFY をはじめとする他教科でも生きてくると考える。情報を発信する者として，書いた文章を推敲する大切さを，体験的に理解させたい。

3 「学びに向かう力」を育む指導と評価のポイント

（1）意義を感じる課題設定との出会わせ方

単元の導入で，生徒にとって身近な複数の資料の実物（ポスター・案内文・レポート・パンフレット・リーフレット）を提示し，比較を行った。どのような目的で，誰を対象として制作されているのか，制作側の意図や表現の工夫は何かなどに着目させ，目的や相手によって，文章の種類や表現形式，表現の仕方が変わることに気付かせた。そして，来年度の１年生の参考資料となるリーフレットを作成するという課題を設定し，自分たちが職場体験の業種選択のときに困ったことを想起させ，来年度の１年生が困らないようにするには，どの表現形式で提示するのがよいかを話し合わせた。この二つの過程を経ることで，今回の課題であるリーフレットの作成のねらい，その作成において重要となるポイントを生徒自身に見いださせるようにした。

（2）対話を通した学び

交流や対話の中で，互いの考えを伝え合い，他者との比較から自身と向き合うことで，新たな発見や思考の深まりが期待できる。本単元の終末でも，気付きが多く生み出され，学びが深まるように，個で自身の作品を推敲するのみならず，グループで推敲し，全体で共有する場を設けている。また，誤字脱字や表記チェックに終始しないよう，情報の取捨選択や重み付けなどにポイントを置いて指導した。またその中で，読み手の立場から見て適切かどうかを検討することをねらうため，生徒たちが表記チェックに終始しないよう，「どこを評価したのか」，「なぜそう感じたのか」，「自分の作品にどう生かせそうか」など，個の学びと他者の学びを往復できるような声かけをする

ことを試みた。自己と書いた文章との対話だけでは気付かない推敲の視点を自覚させ、再度自身の文章と向き合わせたい。

4 授業の実際

第3時に、どのような情報をリーフレットに入れるかの検討を行った。生徒は最初、自身が体験した事業所における具体例（どんな仕事を行ったのか、体験時間や場所、職場の雰囲気など）ばかりを出していた。しかし、「リーフット作成の目的は『業種選択のときの情報提供』である」という発言を機に、「業種についての説明が必要だ」「職場ではなく、その業種ならではのメリット・デメリットを書いた方がよい」「身に付けたい力を書くことで、学びにつながる」「どんな人におすすめなのかがあると、自分の性格と対応させて考えやすいのでは」「心得やアドバイスがあると安心して読める」など、目的と相手を意識した発言が多く出た。

第4時にはリーフレットの構造に着目して、読者の視線の移動に沿った配置が必要であることにも気が付く生徒がおり、「表紙を開いた時に見える中面1と中巻には、業種についての説明があった方がよい」「手間をかけて開く中面2と3には、実体験やアドバイスを載せてはどうか」などの意見が出た。また、表現の仕方についても、ただ文章を書き連ねるのではなく、既習のキャッチコピーや見出しを効果的に用いたり、第1時に分析した実物資料を参考に、項立てをしたり、Q＆A形式や図表、イラストなどを用いたりして工夫する姿が見られ、学びのつながりを感じた。一人で課題に向き合ったときには「読み手の立場に立った情報の取捨選択」や「情報の抽象度による配置」「紙面のつながりを意識したレイアウト」「文章以外の表現形式」などに気付けなかった生徒も、他者の発言や気付きを基に納得し、これらの工夫を自身のリーフレットに取り入れていた（図1、図2）。

第5時の推敲の時間には、誤字脱字のチェックだけではなく、読み手として読んだときに分かりにくい語句はないか、文種や文体は1年生に適切か、文章の順序、文と文のつながり方、一文の長さ、主語のねじれの有無なども注意して推敲させた。グループで推敲した際には、自分では気付かなかった部分を指摘され、再度自分のリーフレットを読み返し、他者の意見に納得して書き直す姿も見られた。また、他者の紙面構成の工夫や見出しの書き方の工夫を取り入れる生徒もいた。他者との比較によって、さらに客観的に自分の文章と向き合うきっかけになっていたようである。

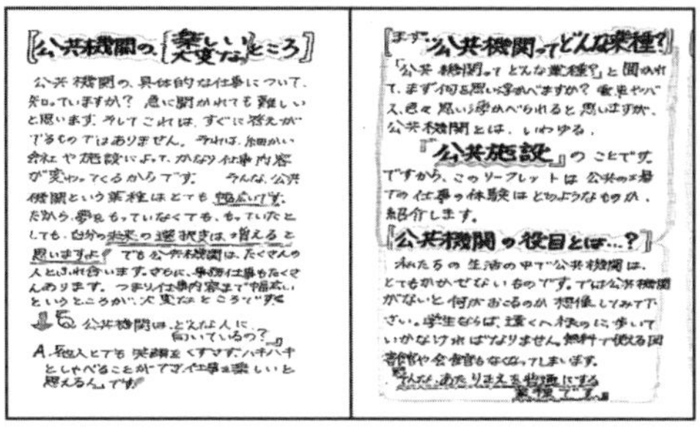

図1 リーフレットの中面1と中巻

図2 リーフレットの中面2・中面3

振り返りの中には、「自分が伝えたいことだけを重視するのではなく、相手がほしい情報は何か、どうすれば伝わりやすいかなど、書く内容の配置や順序、言葉遣いや表現などの一つ一つを意識してリーフレットを作成することができた。」とあった。書き手として、読み手や目的を意識して書くことの大切さに気付く機会となった。　　　　　（橋本　香菜）

[資料]　資質・能力育成のプロセス（6時間扱い）

次	時	評価規準	【　】内は評価方法 及び Cの生徒への手立て
1	1		
	2	知　比較や分類，関係付けなどの情報の整理の仕方，引用の仕方や出典の示し方について理解を深めている。（○）	【ワークシートの記述の確認】 C：提示された資料に見られる工夫点を，クラスで共有し，理解させる。
2	3	思　目的や意図に応じて集めた材料を整理し，リーフレットを通して伝えたいことを明確にしている。（○）	【ワークシートの記述の確認】 C：体験した職業の魅力，大変さや難しさを感じた場面を想起させ，可視化するように促す。
	4	思　読み手の立場に立ち，表記や語句の用法，叙述の仕方などを確かめて，文章を整えている。（○） 知　比較や分類，関係付けなどの情報の整理の仕方，引用の仕方や出典の示し方について理解を深めている。（○）	【下書きの記述の確認】 C：比較できるような言葉を提示し，受け取る印象の変化があるかどうか考えさせる。 【下書きの記述の確認】 C：項目が書かれた付箋の入れ替えをさせ，つながり方の違いを考えさせる。
3	5	思　読み手の立場に立ち，表記や語句の用法，叙述の仕方などを確かめて，文章を整えている。（○）	【リーフレットの記述の確認】 C：表現の意図を尋ねたり，見た印象を伝えたりして，その都度比較検討するように助言する。
	6	思　目的や意図に応じて集めた材料を整理し，リーフレットを通して伝えたいことを明確にしている。（◎） 思　読み手の立場に立ち，表記や語句の用法，叙述の仕方などを確かめて，文章を整えている。（◎） 態　伝えたい内容を，どのような言葉や順序で表現するかを考え，学習課題に沿ってリーフレットを書こうとしている。（◎）	【リーフレットの記述の分析】 C：情報を提示する順序や，表現の仕方をいくつか提示し，比較させる。 【リーフレット・ワークシートの記述の分析】 C：伝えたい内容と叙述の仕方で工夫した点を明確にするように助言する。 【振り返りの記述の分析】 C：授業の具体的な場面を想起させ，自分が作成したものと他者が作成したものを比較しながら振り返りを書くように促す。

○は主に「指導に生かすための評価」，◎は主に「記録するための評価」

主たる学習活動	指導上の留意点	時
・職場体験での学びを思い出し，言語化する。 ・人に情報を伝えるために書かれた文章には，どのような表現形式があるか考え，様々な資料を読み比べてそれぞれの特徴や効果を考える。 ・「学習プラン」を使い，単元の学習に見通しを持つとともに，学習課題を確認し，言語活動を通して身に付けたい力を意識する。 【課題】来年の１年生に業種別 　　　　ガイダンスリーフレットを作ろう。 　　～伝えるべきことを整理して， 　　　　相手や目的を意識して書こう～	・職場体験では，その職場のよさや価値を肌で感じてきているはずである。体験中に書いたメモや，総合的な学習の時間に書いた振り返りを見返しながら，学びを想起させる。 ・日常生活において様々なメディアに触れている生徒から，人に情報を伝える文章の例を引き出す。 ・生徒は学校内外において，様々な形式を日常的に目にしている。それぞれの利点や役割を考えさせながら，学習課題に向かわせるようにする。 ・実物を使用し，目的，相手，特徴，表現の工夫について，気付いたことを自由に発表させ，補足させたり，意見を交換したりする。	1
・共通の情報を，文字だけで書いた文章と，リーフレットの２つの資料を比較して，目的や相手に応じた適切な表現の仕方について考える。 ・リーフレット作成において，作成手順や，留意すべきことを考える。	・同じテーマでも，相手や目的が異なると，伝達の形式や表現の仕方が変わることに気付かせる。 ・読み手の視線の動きについて考えさせる。 ※リーフレットは，三つ折り形式を使用する。	2
・リーフレット作成の目的と相手を再確認し，書く材料を検討し，クラスで共有する。 【目的】業種を選ぶときの情報を提供するため。 【相手】職場体験に行く前の来年度の１年生。 ・共有した材料の中から，自分の職場体験先の業種情報を伝えるために必要な項目を考える。	・一般的な知識の情報だけではなく，体験を通して学んだことや知ったことを項目に挙げるようにさせる。 ・「行きたい」と思うような情報を提供することが大前提であることを押さえる。（来年度の１年生に，どのような情報を残しておけば役立つかを考えながら項目を立てさせる。）	3
・リーフレット全体で伝えたいコンセプトを確認する。 ・全体コンセプトと，第３時に立てた項目に沿って情報を整理し，表現形式の工夫をしながら付箋にまとめていく。（文章，箇条書き，Ｑ＆Ａ，図など） ・読み手に分かりやすいように，どこにどの情報をレイアウトするか考え，Ａ４用紙に下書きをする。	・第１次の学習を振り返り，文章だけでは伝わりにくいことは，見出しや項立てを工夫すると効果的であることに気付かせる。 ※写真や図を使用してよいのは二つまでとし，文章の叙述を工夫して相手に伝えるにはどうするかを考えさせる。	4
・伝えたいことが伝わる構成になっているか，相手に伝わる表現になっているかを自分で確認する。 ・４人班で制作の意図を伝え，アドバイスし合う。 ・リーフレットを完成させる。	・４人班に分かれた際には，表現の意図を確認し，見出しや文章の工夫を確認させる。 ※見た目のよさではなく，言葉や叙述の仕方に着目するように促す。	5
・作成したリーフレットを交流する。 （相手を意識した情報整理の仕方，表現になっているかなどの観点について意見や助言をする。） ・グループで相互によい作品を推薦し合う。 ・学習の振り返りをする。 【振り返りの視点】 ・読み手の立場に立って作品を推薦する体験を通して，どのようなことに気付いたか。 ・伝えたい内容を相手に伝わるようにするために，どのような工夫をしたか。（他者からの学びでも可）	・表現の工夫を明確に他者に伝えるように助言し，発表の後に聞き手から表現の意図と実際の表し方について質疑応答させる。 ・グループの推薦作品について，分析・評価して発言するよう促す。 ・振り返りの視点を持たせ，リーフレットを制作した感想にならないようにする。 ※作成したリーフレットは，廊下に掲示するとともに，次年度の１年生の職場体験の事前学習で使ってもらう。	6

国語科実践例②

1 単元を通じて実現を目指す「学びに向かう力」が高まっている生徒の姿

　互いの立場や考えを尊重しながら話し合い，結論を導くために積極的に話し合おうとしている姿。

2 単元について

　『新学習指導要領』の〔思考力，判断力，表現力等〕において，資質・能力を育成する際は，言語活動を通して育成することが引き続き求められている。また，育成したい資質・能力にふさわしい言語活動と，その言語活動の質の向上も求められている。本単元は，『新学習指導要領』の育成を目指す資質・能力に該当する指導内容を「互いの立場を尊重しながら話し合い，結論を導くために考えをまとめること」（「話すこと・聞くこと」（1）オ）とし，言語活動を「それぞれの立場から考えを伝えるなどして，議論や討論をする活動」（イ）とした。話し合う題材は，『学校の「当たり前」をやめた。』（工藤勇一，2018）より，生徒たちが考えたくなるような関心の高いものとして，「宿題をやめた」を取り扱った。そして，学習の過程では，「宿題」のあり方や考え方について真剣に話し合う姿を他の教科・学年の先生方に見てもらう場を設定し，「学習のための話し合う場」から，私たちの考えを伝えられる，学校生活につながる場とした。

3 「学びに向かう力」を育む指導と評価のポイント

（1）学年の系統を意識した話し合い活動

　本単元の導入では，学校生活での話し合いを振り返り，成果と課題から出発した。1年時の学習で身に付けた「互いの発言を結び付けて考えをまとめる」力は発揮できていると感じる生徒が多かった。2年生では，学級や行事の場面で話し合う機会が多くあったが，農村体験学習での学級会議や係別会議における合意形成に大きな課題を残した。「身に付けた力は発揮できているのに，なぜ上手くいかないのか」というジレンマが学習意欲をかき立て，合意を形成していくために「互いの立場を尊重しながら」話し合う力を身に付けることに必然性が生じた。課題意識を持って学習に取り組める契機となった。

　また，2～4校時に設定した「話し合いの振り返り」では，粘り強く自分たちの話し合いを振り返る姿があった。そして，その反省を生かし，自分たちの話し合いを調整しながら合意形成に向かって取り組む姿が見られた。

（2）学びの自覚を促す言語活動の充実

　本単元での言語活動は「話し合い」である。生徒一人一人が話し合いの当事者であり，話し合いをメタ化しながら参加する必要がある。また，発言（音声言語）はどんどん消えていってしまうため，生徒にとっては難しい活動である。そこで育成したい資質・能力を意識しながら，2～4時の話し合いの後に，「話し合いを振り返る時間」を設定した。誰の，どのような発言が話し合いを促進させる一助となったか，そして，互いの発言の共通点や相違点の整理の仕方や，新たな提案に進展するような発言に自分たちで気が付けるような機会とした。

　また，集団での話し合いや合意形成では，「話し合う際の言葉」の重要性に気が付く生徒も出てきた。相手の意見や考えを受け止める言葉や，発言や思考を促す言葉，話し合いがしやすい雰囲気をつくる言葉など，言葉に

着目した振り返りを行うことができていた。

4 授業の実際

第1時では，学習プランを配布し生徒に見通しを持たせた。そして，生徒たちの学校生活における課題が本単元で育成したい資質・能力と大きく関わっていることを確認した。話し合う題材としては，『学校の「当たり前」をやめた。』から，「宿題をやめた」を扱った。

生徒にとって身近で，より自分事として考えられる題材を扱うことで，第1時から自分の考えを持とうとする姿が見られた。話し合いの場を他の先生方に見てもらえ，自分たちの考えを伝えられる機会があるということも意欲を高めたようであった。話し合う際は教室の中心に机を向け，互いの顔が見えて近くの人とすぐに話し合いができるように場を工夫した（**図1**）。

図1　話し合いの様子

本単元では話し合うことを通して資質・能力の育成を目指すため，第2〜4時の話し合いでは，結論を出すことがゴールではないということを生徒たちと共有し，その過程に目を向けて毎時間話し合いの振り返りを行った。

第2時の振り返りでは，司会の役割についてや，記録の必要性，黒板を用いて話し合いを可視化しながら進めようというアイディアが出た。第3時では司会や記録が機能しながら話し合いを進めた。しかし，合意形成に至るまでは程遠かった。振り返りでは，これまでに上手くいっていた話し合いを促進させる発言についてや，話し合いの雰囲気を悪くする言葉などが挙がった。特に雰囲気を悪くする言葉については，建設的に話し合う上でお

互いに控えていきたいという振り返りをしていた（発言が減る，言葉の末の変化で質問が詰問になる，否定的で建設的な雰囲気が壊れるなど）。第4時では，前時の反省を確認し，クラスとして考えがどのようにまとまっているのか整理し，目指すべきゴールを全体で共有することから始まった。それぞれの考えを生かし合うために「折衷案・中間案・妥協案」をつくっていくということを，自分たちが目指すゴールとして確認した。ここで言葉に立ち止まり「折衷・妥協」の意味を丁寧に確認し合うことで，クラス全体でよい考えを練り上げていくというイメージを共有できた（この段階まで，「妥協」という言葉にマイナスのイメージを抱いており，譲り合う発想がなかったため，互いの意見をぶつけ合う勝ち負けになっていた）。

第5時には，本単元の振り返りを行った。振り返りの際は，学習プランを読み，学習の前後で話し合いがどのように変わったか，今までのクラスの話し合いにはどのような課題があったか，話し合いの場における言葉の重要性について振り返った。そして，クラスや学年の話し合いが上手くいくために提案したいことを3〜4人グループで**図2**のようにまとめ，共有した。

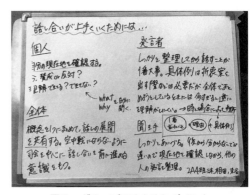

図2　グループでまとめたポイント

●参考文献

工藤勇一（2018）『学校の「当たり前」をやめた。』，時事通信社　　　（土持　知也）

[資料]　資質・能力育成のプロセス（5時間扱い）

次	時	評価規準	【　】内は評価方法 及び Cの生徒への手立て
1	1		
2	2 ― 4	思　互いの立場や考えを尊重しながら話し合い，結論を導くために考えをまとめている。（○）	【ワークシート記述の確認】 【話し合いの発言の確認】 C：今までの話し合いの場面を想起して書くように助言する。また，必要に応じて，話し合いにおける，相手の考えを尊重する発言の具体を取り上げ，一例を示す。
		態　互いの立場や考えを尊重しながら積極的に話し合い，見通しを持って結論を導くために話し合おうとしている。（◎）	【振り返りの発言の分析】 C：授業の具体的な場面を想起させ，話し合いにおいて大切なことを共有した際に使ったワークシートを見ながら発言をするように促す。
3	5	思　互いの立場や考えを尊重しながら話し合い，結論を導くために考えをまとめている。（◎）	【ワークシートの記述の分析】 C：共有の場面において，自分の考えと他者の考えを比較し，ワークシートに記録するように助言する。
		知　言葉には，相手の行動を促す働きがあることに気付いている。（◎）	【ワークシートの記述の分析】 C：話し合いの中で，話し合いの進行を助け，また，合意形成に向かう働きをしていた発言を想起させる。

主たる学習活動	指導上の留意点	時
・学習プランを使って本単元の学習の見通しを持つ。 ・育成したい資質・能力と，学習課題を確認する。 ・『学校の「当たり前」をやめた。』の中から，「宿題をやめた」を読んで，賛成・反対について自分の考えをワークシートにまとめる。	・今までの話し合い活動の具体的な場面を想起させながら，本単元で育成したい資質・能力を確認する。 ・考えを支える根拠を持つように声かけをする。 ・今の学校生活や，小学校の経験を参考に自分の考えを持つように促す。 ・自分の考えを持つ際は，賛成と反対を安易に決めさせず，賛否両方の側面から考えるように促す。	1
【学習課題】 「宿題をやめた」に対する私たちの見解 〜互いの考えを尊重しながら話し合い，クラスで考えをまとめよう〜 ・話し合う題について自分の考えを支える根拠や，具体例の適切さを3〜4人グループで確認する。 ・話し合いの前に，今までの話し合い活動を想起しながら，以下のことを確認する。 　①互いの立場や考えを尊重しながら話し合うには，どのようなことが大切になるか。 　②結論を導くための話し合いにおいて，どのようなことが大切になるか。 ・学習課題に沿って，クラス全体で話し合いを行う。 ・2〜4校時の話し合い後に「話し合う際に大切だと考えたこと」について，自分の気付きをワークシートにまとめる。	・根拠や具体例が，それぞれの考えを支えるものになっているか確認するように促す。 ・今までの学校生活における話し合いの場面を想起させ，話し合いが上手くいったとき，上手くいかなかったときの両面から考えるように声をかける。 ・本単元で身に付けたい資質・能力を確認する。 ・同じ人ばかりが話したり，同じ方向の意見ばかり出たりしないように，話し合いの途中で，個で考える時間や近くの人と相談する時間を適宜取るように，指示をする。 ・具体的に誰の，どのような発言だったか分かるように記録・記述するように声をかける。 ・話し合いを促進させた発言や雰囲気をよくした言葉などに注目して振り返りをさせる。 ・大切であると考えた理由を書かせ，次時の話し合いにつながるように全体で共有する。	2 — 4
・育成したい資質・能力について，本単元の学習課題について考えたことを，クラス全体で共有する。 ・学習プランで本単元の流れを確認しながら，振り返りの視点を意識してワークシートに振り返りを記述する。 【振り返りの視点】 ・結論を導いたり，話し合いが進展したりするために，どのようなことが大切か。 ・相手の立場や考えを尊重することについて，話し合いの中で用いる言葉はどのように関わっているか。	・前時のワークシートを見ながら，どのような話の流れでの発言であったのか，また，どうしてよい発言であったと思ったか，理由も伝えるように助言する。 ・色々な視点（話の内容・話し合いの進め方・検討の仕方・声かけの内容・立場や考えの尊重・合意形成に向けての発言など）の気付きが出やすくなるように，多くの人の発言を促す。 ・授業の場面を具体的に想起しながら振り返るように助言する。	5

国語科実践例③

1 単元を通じて実現を目指す「学びに向かう力」が高まっている生徒の姿

　先輩からのアドバイスを参考に，自分たちの話し合い活動を客観的に捉え直し，粘り強く話題や展開を捉えながら話し合い，互いの考えを結び付けて考える姿。

2 単元について

　本単元は，『新学習指導要領』の育成を目指す資質・能力に該当する指導内容を「話すこと・聞くこと」（1）オ「話題や展開を捉えながら話し合い，互いの発言を結び付けて考えをまとめること」とし，言語活動は，イ「互いの考えを伝えるなどして，伝え合う活動」とした。『新学習指導要領』における言語活動例には，「少人数で話し合う」とあるが，本校では日常的にどの教科でも少人数での話し合い活動が行われており，その中での合意は図れるようになってきている。しかし，規模が大きくなると，場の雰囲気からか，自分の意見を通そうとしているだけで，話が平行線のままかみ合っていない場合がある。教師がファシリテートするのではなく，参加者の一人として，建設的な話し合いをするためにはどうすればよいかを思考させるために，本単元を設定した。消えてしまう音声言語を客観的に捉えることは難しいので，2年生に話し合いの様子を参観してもらい，アドバイスをもらうことで，自分たちの話し合いを客観的に捉え，課題を分析させ，再度話し合いに挑戦させた。

3 「学びに向かう力」を育む指導と評価のポイントと授業の実際

　第1時には学習プランを用いて身に付けたい力を確認し，互いの考えを結び付けるために自分とは異なる意見の根拠も考えさせた。

それは，自己主張だけではなく，相手の意見や立場を尊重して話し合うことの大切さを意識付けるためである。しかし，第2時の話し合いでは，賛否を出すことばかりに意識が向いてしまったからか，前の発言を受けてはいるものの，意見の言い合いのような形になってしまった。そして，2年生からのアドバイスから，思っていた以上に「つなげて考える」ということができていなかったことを自覚した。第3時では，その原因はどこにあるのかということを，アドバイスを基に分析し，図1のような形で各自がまとめた。

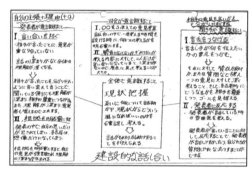

図1　話し合いのポイントのまとめ

　第4時では，ポイントを整理したことで，真っ向から相手の発言を否定するのではなく，互いの意見のメリットやデメリットを整理し，立場や話し合いの進み具合を意識しながら，中立案や妥協案を出す姿が見られた。また，振り返りの中には「互いの意見のよい点，改善点を把握する（つなげて考える）という意識が身に付いたことで，一方的に意見を言うのではなく，その意見に対する自分の考えを整理して考えをまとめることができるようになり，多くの人が納得できるクラスの考えに行き着くことができた」という記述が見られた。課題認識のさせ方や，メタ認知を有効に行う手立てを継続して追求していきたい。

　　　　　　　　　　　　　　　　（橋本　香菜）

●第２部／「論理の展開に注意して聞き，話し合いの展開を捉える」・２年生

国語科実践例④

1　単元を通じて実現を目指す「学びに向かう力」が高まっている生徒の姿

論理の展開に注意して聞き，粘り強く話し合いの展開を捉えようとしている姿。

2　単元について

本単元は，『新学習指導要領』の育成を目指す資質・能力に該当する指導内容を「論理の展開などに注意して聞き，話し手の考えと比較しながら，自分の考えをまとめること」（「話すこと・聞くこと」（１）エ），言語活動を，「説明や提案など伝えたいことを話したり，それらを聞いて質問や助言などをしたりする活動」（ア）とした。本単元の「聞くこと」は，３～４人の話し合いの中での「聞くこと」ではなく，集団が合意を形成する場における「聞くこと」に焦点を当てており，話し合いを客観的に見ることによって，論理の展開を捉える力を身に付ける場とした。また，初見の話題で話し合いを見るのではなく，より「聞くこと」に焦点を当てた言語活動とするために，１年生が合意の形成を目指す題材として，前ページの２年生の実践（pp.36-39）と同じもの（(工藤勇一（2018）『学校の「当たり前」をやめた。』）より，「宿題をやめた」）を扱った。

3　「学びに向かう力」を育む指導と評価のポイントと授業の実際

本実践は３時間扱いとした。１時間目には１・２年生がそれぞれどのような力を身に付けたいのかを確認した。２年生には，１年生が身に付けたい力を意識して話し合っている場を見ることが，自分たちの身に付けたい論理の展開を捉えることにつながることを意識付けた。そして，１・２時間目のそれぞれ授業の終わりで，話し合いを外から客観的に見ていた２年生から，１年生の話し合いにおける課題を示し，アドバイスを送った（図１，図２）。

図１　アドバイスを送る様子

図２　アドバイスの内容

３時間目に行った振り返りでは，「１年生は互いの発言をつなぎながら話し合い，２年生は論理の展開を捉えるために聞くことに専念した。客観的に話し合いを見ることができたこの授業では，付けたい力が身に付くだけでなく，これまでの自分たちの学びについても振り返るよい機会となった。先輩らしく１年生にアドバイスをするつもりだったが，この単元で学びが深まったのは２年生の方だと感じた。学年を越えて学び合う授業は，互いの学びが深まると感じたので，今後も機会をつくってほしい」という記述があった。

今後もそれぞれの学年の目的に合った形で授業の交流を行い，質の高い言語活動を通して力を付けさせていきたい。　（土持　知也）

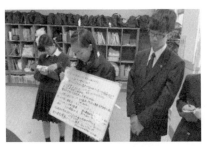

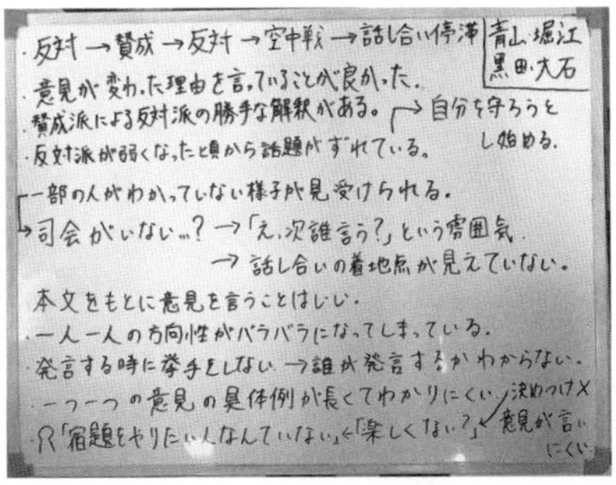

次	時	評価規準	【　】内は評価方法 及び Cの生徒への手立て
1	1	知　意見と根拠など情報と情報との関係について理解している。（○）	【ワークシートの記述の確認】 C：筆者の意見と，それを支える根拠を文中から探すように促す。
2	2-4	思　話題や展開を捉えながら話し合い，互いの発言を結び付けて考えをまとめている。（◎）	【ワークシートの記述の分析】 C：先輩からのアドバイスや，話し合いを踏まえて，自分や他者，他者同士が発言を結び付けていた場面を想起しながら，気付きを書くように促す。
3	5	態　粘り強く話し合いの展開を捉え，学習課題に沿って話し合いをしようとしている。（◎）	【振り返りの記述の分析】 C：話し合いの展開を捉えている発言とはどのようなものか，話し合いの具体的な発言を想起するように促す。

[資料]　資質・能力育成のプロセス（2学年　3時間扱い）

次	時	評価規準	【　】内は評価方法 及び Cの生徒への手立て
1	1-2	知　言葉には，相手の行動を促す働きがあることに気付いている。（○）	【話し合いの記録の確認】 C：話題を捉え，互いの発言を結び付けて話し合ったり，展開について確認し合ったりしている言葉の働きに注目しながら記録するように助言する。
		思　論理の展開などに注意して聞き，話し手の考えと比較しながら，自分の考えをまとめている。（◎）	【話し合いの記録の分析】 C：話し手の立場を意識しながら聞き，話し合いがどのような方向に進んでいるのか捉えるように助言する。
		態　粘り強く論理の展開に注意して聞き，今までの学習を生かして，1年生にアドバイスを送ろうとしている。（◎）	【1年生へのアドバイスの分析】 C：1年生に力が身に付くように，互いの発言を結び付けて話し合っている具体の姿を示しながら，アドバイスするように助言する。
2	3		

主たる学習活動	指導上の留意点	時
・学習プランを使って本単元の学習の見通しを持つ。 ・育成したい資質・能力と，学習課題を確認する。 ・『学校の「当たり前」をやめた。』の中から，「宿題をやめた」を読んで，賛成・反対について自分の考えをワークシートにまとめる。	・自分の意見と根拠だけではなく，反対の立場の意見や根拠も考えさせる。 ・生徒の立場だけではなく，親や教師など様々な立場での意見を考えさせる。	1
【学習課題】 「宿題をやめた」に対する私たちの見解 〜互いの考えを尊重しながら話し合い， 　　　　　　　クラスで考えをまとめよう〜 ・話し合う題について自分の考えを支える根拠や，具体例の適切さを4人グループで確認する。 ・学習課題に沿って，クラス全体で話し合いを行う。 ・参観している2年生からアドバイスをもらう。 ・2年生からのアドバイスを確認し，改善策を考える。 ・改善点を意識しながら，2回目の話し合いを行う。	・2時間目には，1時間目に書いた意見と根拠を基にしながら，話し合いをさせる。 ・3時間目には，以下の2つの視点を与え，2年生からのアドバイスを参考に，どのようなことをポイントとすればよいのかをグループで話し合わせ，その後に全体共有させる。 ※立場別での視点：話し手，聞き手，司会，全体 ※話の進み具合の視点：序盤・中盤・終盤 ・4時間目には，アドバイスやポイントを意識した上で，話し合いをさせる。	2 — 4
・本単元の振り返りをする。 【振り返りの視点】 ・発言を結び付けるときのポイントは何か。 ・建設的な話し合いをするためには，どのようなことを意識すればよいか。	・1回目の話し合いと，2回目の話し合いを想起させ，どのような変化があったのか，またそれはなぜ生じたのかを考えるように促す。 ・話し合いを促進したり，全体が納得したりした発言には，どのような共通点があるのかを分析するように促す。	5

主たる学習活動	指導上の留意点	時
・「話し合うこと」において，今までの学習を振り返る。 ・本単元で身に付けたい資質・能力を確認する。 ・本単元の学習課題を確認する。 【学習課題】 さすが先輩！話し合いが上手くいく知恵授けます 〜論理の展開に注意して聞き，話し合いの展開を捉えよう〜 ・1年生に身に付けてもらいたい力を確認する。 ・3〜4人グループを組み，ホワイトボードに気付きやアドバイスを記録しながら，1年生の話し合いを見る。 ・ホワイトボードで示しながら，本時の話し合いについてと，付けたい力を意識した今後の話し合いの展開についてアドバイスをする。 ※「話し合い→アドバイス」の活動を2回行う。	・1年時に身に付けた力を確認する。 ・2年生で行った「話し合う」授業を想起させ，学習のポイントを確認する。 ・1年生に身に付けてもらいたい力が発揮されている具体例を示し，話し合いを見取るポイントを確認する。 ・アドバイスは具体的に示すように促し，また，今後の話し合いが上手くいくようになるために，どのような改善をすればよいかを示すように助言する。	1 — 2
・本単元の振り返りをする。	・論理の展開を捉えるために，どのような聞き方が大事か，授業の具体的な場面を想起しながら振り返るように促す。	3

社会科

実践例①〜②

1　社会科が考える「学びに向かう力」を育む指導と評価のポイント

　『新学習指導要領』にある，「学びに向かう力」に関わる「よりよい社会の実現を視野に課題を主体的に解決しようとする態度」という社会科で育成する資質・能力を養うためには，教師が単元で生徒に獲得させたい社会的な認識を持たせ，授業の中で「心理的没頭」を生み出させるための仕掛けが必要になる。その授業の中で社会的な見方・考え方を働かせて，社会科における資質・能力を育んでいくために，社会科では，教科の本質を次のように定義した。

> 社会科は，社会科学的思考の繰り返しを通して，持続可能な社会の創り手を育てる教科

　社会科学的思考（社会的事象について抱いた課題に対して，立てた仮説を事実や根拠に基づき追究，修正，反証していく中で，試行錯誤しながら自己の内面と向き合い，納得解や最適解を見いだしていく思考）を通して，合理的に選択・判断することで，公民としての資質・能力が育成され，ひいては，持続可能な社会の創り手を育てることになると本校社会科は捉えている。そのため，本年度は学習課題に対して授業の冒頭で立てた自分の考え（仮説）と，単元の終末でまとめた考えとの間でどのような変容があったのかを自覚させていきたい。また，資料と向き合うことで，よりよい答えを導き出していく際の論拠を丁寧に構築させたい。

（1）学びの充実度・思考の変容を自覚させる取組

　本校では，各学年において，その単元でどのような見方・考え方を働かせたかを実感できたり，思考の変容や学びに対する充実度を確認できたりすることを目指して「深化シート」（図1）と呼んでいるワークシートを作成し，その工夫に取り組んでいる（『附属横浜中』（2017〜））。この「深化シート」は，固有の知識及び技能をまとめるだけでなく，他者との話し合いなどで新たに気付いたことも記録できるように，できる限り枠をなくして，広くスペース

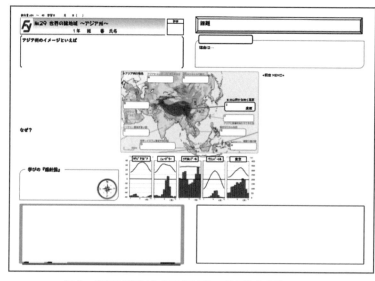

図1　世界の諸地域（アジア州）で使用した深化シート

を設けた構成を心がけており，授業で設定した単元を貫く課題に対し，導入における自分の考えがどのような過程を経て深まっていったのかを自覚しやすくしている。今年度はさらに，単元を貫く課題に対して，仮説だけでなく，全体で共有した単元における学びの見通しを記録するスペースも設けた。全体共有したことを，そのときのやり取りの内容も含めて記録しておくことによって，単元の途中において自ら立てた見通しを修正する際の一助になると考えられる。

（2）課題解決に向かう本質的な問い・教材の工夫

　生徒が，単元を貫く課題において，社会的事象の意味を捉えて追究していくには，教師が，質の高い吟味された問いや教材を準備しておくことがまず必要である。また，教師の明確な教科観に基づいたゴールの見えた単元構成・授業展開をするだけでは，生徒を「学びに向かう力」が高まった姿に導くことはできないと考える。よって，生徒が考え方の対立や拮抗状態の中，他者との対話，諸資料と向き合うことで，当たり前と思っていることを問い直したり捉え直したりすることを多く経験させることが重要と捉え，今年度はそれを念頭に置き，資料から丁寧に読み取ったことを自らの考えの根拠とし，それを基に追究させる授業実践を心がけた。そして，単元（題材）の中で，生徒の取組について教師が意味付けたり，価値付けたりすることを繰り返すことで，資質・能力の育成へとつなげたい。

2　実践の成果と今後への課題

　これまでの実践を通して，社会科として「単元を貫く本質的な課題（＝問い）」の設定や，教科の本質を意識しながら，教師自身が真剣に単元に向き合って授業実践を重ねていくことが，生徒の資質・能力の育成につながることが明らかになっている。そして，今年度の実践から，「学びに向かう力」を育むためには，生徒がこれまで出会ったことのない資料を，教師がいかに提示していけるかが重要であることが確認できた。そして，資料を全て順序通りに提示するのではなく，ときには課題解決にはどのような資料が必要かを考えさせたり，ときには矛盾を生むような資料の提示をすることで揺さぶりを与えたりするのが効果的であることが分かった。また，課題に対して行った調査活動において，生徒が選んできた資料を小グループで相互評価することで，自分の準備した資料の良し悪しだけではなく，課題解決に即した資料の選択や判断を行える力の必要性を改めて実感している姿も見ることができた。ただし，相互評価は学習活動であることから生徒の学習活動を意味付け価値付けることを通して，生徒の資質・能力の育成につなげていきたい。

　課題は，働かせたい社会的な見方・考え方を生徒にどのように自覚させ，粘り強く課題解決に取り組ませるかである。深化シートに記された生徒の気付きや思考の変容を見取ることを通して，課題解決につながる自己調整を図れるように，教師はどのように寄り添っていくべきか，今後の継続的な関わりの中で研究を続けていきたい。また，授業において，出会ったことのない資料に出会ったときに，資料と向き合う力を築くことも社会科の本質に迫るために必要な技能である。各学年において，この技能をどう定着させどう高めていくか，社会科が生徒の「思考の足場づくり」の土台を担っていけるように，今年度の実践を糧にして今後も追究していきたい。

社会科実践例①

１　単元を通じて実現を目指す「学びに向かう力」が高まっている生徒の姿

アジアの地域的特色や経済の変容に関する新たな問いに出会うことで，連続的な探究活動を繰り返したり，他者と話し合いを通して自分の考えを深めたりして，自分の将来を見据えて考え続けていこうとする姿。

２　単元について

本単元では，単元を貫く課題を「2030年までにアジアで急成長を遂げる国はどこだろうか」と設定した。

本単元の学習を進めるに当たり，アフリカ州の学習においては，TICADや外務省の資料を基に，発展途上国とされる国や地域も10年後や20年後の未来に，大きな経済成長を遂げている可能性は十分に考えられるとして，「2030年，宇宙から見たアフリカ州の夜は輝くことができているのだろうか」という課題を追究してきた。その中で，様々な軋轢や問題も生じていることや，巨大資本が現地の人々の生活に大きな打撃を与える場合があることも共有してきた。

多業種の日系企業がアジアに進出している現状は2030年も含め，将来的に加速度を増すと考えられる。本単元では，空間的相互依存作用や国・地域のつながりに着目して，地域の特色ある地理的な事象を他の事象と関連付けながら，多面的・多角的に考察し，これまでの学習や経験してきたことが自然とつながるように単元のデザインを心がけた。そして，今回の学習課題は，答えが明確に定まらないものであるが，だからこそ，これまでの学習だけでなく，これからの学習までを見通しながら，対話的・協働的に最適解を導き出せるようにしたい。そして，生徒一人一人が，成長していく

アジアとよりよいパートナーシップを結び，今後のアジア社会を見つめ，アジアの未来を拓く力を育めるようなきっかけとしたい。

３　「学びに向かう力」を育む指導と評価のポイント

（１）教師と生徒が協働できる課題の設定・教材の工夫

単元の導入では，生徒の発言をつなぐことで，単元を貫く課題を設定し，個人の仮説を基に学びの見通しを立てる「学びの羅針盤」の活動を通して，全体での共有を行う。それは，単元の導入段階においてどのような見方・考え方を働かせるのかを全体に意識させるためである。そして，その後の展開においても，社会科学的思考を繰り返し発揮・活用できるように，教師も単元を通して生徒と一緒に課題を追究していけるような，社会的事象の特色や相互関連，意味を考えていける題材を教材化していくことを心がけている。

（２）学びの充実度や思考の変容を自覚させる取組

どの単元においても，「深化シート」とともに，個々の気付きや疑問などを書いた付箋を自由に閲覧できるようにまとめた「深化ボード」（『附属横浜中』(2018)）を併用しながら，単元における思考の働きや変容を整理させている（図１）。単元を通して１枚のワークシートを使用し，学習課題に対し考えたことを３色の付箋を使い分けながら記入させていく学習の進め方は，単元の中で自らの学びを調整させることにもつながる活動だと考える。生徒は深化シートによって自分の認識の変容などを「自覚化」することができるようになり，また３色の付箋を使い分けることで自分の理解度だけでなく，心の動きも可視化すること

ができている。その自覚が単元の途中や終末においても，試行錯誤しながら追究し続けていく姿につながることを期待したい。また，生徒の心の動きの可視化は，学びの深まりの状況把握に活用でき，それに応じて，授業プランを変更したりすることにも役立てたい。

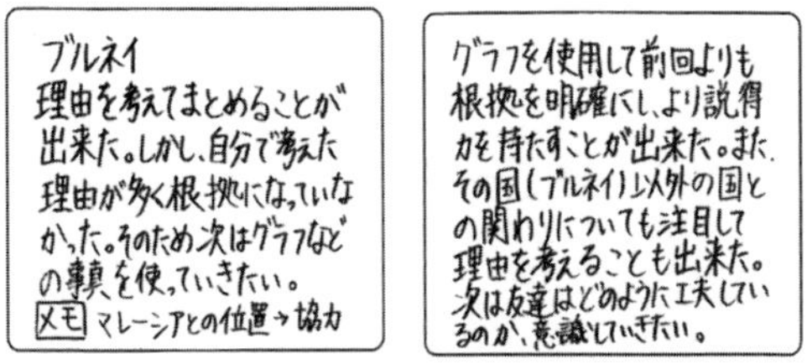
ブルネイ
理由を考えてまとめることが出来た。しかし、自分で考えた理由が多く根拠になっていなかった。そのため次はグラフなどの資料を使っていきたい。
メモ マレーシアとの位置→協力

グラフを使用して前回よりも根拠を明確にし、より説得力を持たすことが出来た。また、その国（ブルネイ）以外の国との関わりについても注目して理由を考えることも出来た。次は友達はどのように工夫しているのか、意識していきたい。

図１　深化ボードに貼った第５，６時の付箋

4　授業の実際

本単元の学習では，自分たちの身の回りにある「MADE IN ○○探し」から始めた。自分たちが予想していた以上に，身の回りにはアジアで生産されているものが多くあり，それを基に学習課題を設定することで，日々の生活とのつながりを実感できる機会とした（「MADE IN ○○探し」は，その後各家庭においても調査し続けた生徒が多く見られた）。

次にアジアの製品が身の回りに多いことについて，地図帳の統計を基に話し合いを行わせた。アジア州は面積も大きく，人口も世界の約６割を占めることから，労働者や消費者が多いこと，そして発展途上国が多いことから，安い労働賃金で大量に生産できることが理由として挙がった。国際化が進む中で生活している生徒にとって，安い労働賃金で大量に生産することは，共通した認識であると実感することとなった。しかし，その班の活動の中で，生徒から「中国は長年経済成長しているのだから，もし労働者の賃金を調査して賃金が上がっていたら，他の国に工場を移転していくのでないか」という疑問が挙がり，それを機に，本単元の課題設定を行った。「2030年，アジアにおいて経済が急成長する国はどこだろうか」という単元を貫く課題を設定できたことで，その課題解決を図ることが，単元を通じて実現したい生徒の姿そのものの形成へとつながっていくと考える。また，その後に課題解決の見通しを立てる中で，生徒の「何を調査したらよいのか」「どんな視点が大切か」といった意見を引き出し共有できたことも，単元における「学びに向かう力」の種を蒔くことになったと言える。深化シートへの記述は，自分の考えと丁寧に向き合って課題に取り組んでいたことが伝わってくるものばかりであった（**図２**）。

国際社会で生きる生徒にとって，本単元でアジアの経済成長の過程を学習できたことは，将来の人生設計に大きく関わるだろう。今後も自分の将来を見据えて，主体的な探究を続けていく姿を期待したい。

（田川　雄三）

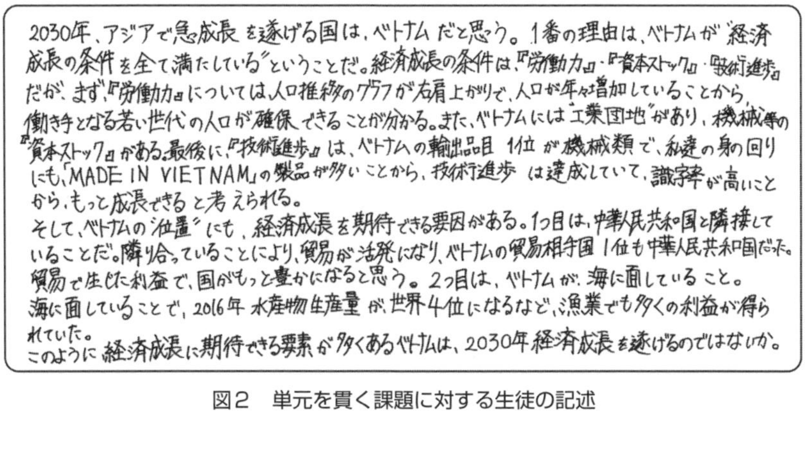
2030年、アジアで急成長を遂げる国は、ベトナムだと思う。1番の理由は、ベトナムが"経済成長の条件を全て満たしている"ということだ。経済成長の条件は、『労働力』・『資本ストック』・『技術進歩』だが、まず、『労働力』については人口推移のグラフが右肩上がりで、人口が年々増加していることから、働き手となる若い世代の人口が確保できることが分かる。また、ベトナムには"工業団地"があり、機械等の"資本ストック"がある。最後に、『技術進歩』は、ベトナムの輸出品目1位が機械類で、私達の身の回りにも「MADE IN VIETNAM」の製品が多いことから、技術進歩は達成していて、識字率が高いことから、もっと成長できると考えられる。
そして、ベトナムの"位置"にも、経済成長を期待できる要因がある。1つ目は、中華人民共和国と隣接していることだ。隣り合っていることにより、貿易が活発になり、ベトナムの貿易相手国1位も中華人民共和国だった。貿易で生じた利益で、国がもっと豊かになると思う。2つ目は、ベトナムが海に面していること。海に面していることで、2016年水産物生産量が世界4位になるなど、漁業でも多くの利益が得られていた。
このように経済成長に期待できる要素が多くあるベトナムは、2030年経済成長を遂げるのではないか。

図２　単元を貫く課題に対する生徒の記述

次	時		評価規準	【　】内は評価方法 及び Cの生徒への手立て
1	1 ｜ 3	態	身近なアジア州の地域的特色を明らかにするために，位置や空間的な広がり，他地域との結び付きに着目しながら仮説を立てようとしている。（○）	【発言の確認】【ワークシートの記述の確認】 C：教科書や地図帳の資料を読み取れるように支援し，仮説を立てられるようにする。
		思	日本の企業がアジアに進出している現状を図でまとめている。（○）	【ワークシートの記述の確認】 C：日本企業がアジアに進出している理由を確認し，関係図作成を支援する。
		知	学級内の意見や諸資料から，アジア州の自然環境など，特色ある事象に着目し，その地域的特色を理解している。（○）	【ワークシートの記述の確認】 C：ワークシートを用いて一緒に作業を振り返り，学級内で出てきた意見を確認したり，自然環境の読み取りの支援をしたりして，アジア州についての基礎的な事項を理解させる。
		思	アジアの国々の経済成長について，自分の考えをまとめている。（○）	【深化ボードの確認】 C：どの資料から読み取ったらよいのか，具体的な資料を指示するなどして，支援する。
		思	地図帳の統計や諸資料を読み取った上で，今後アジアで急成長を遂げると考えられる国について考えをまとめている。（◎）	【ワークシートの記述の分析】 C：統計や諸資料をどのように根拠にしてまとめるのかを支援し，自分の考えを記述させる。
2	4 ｜ 6	思	様々な資料を収集し，適切に選択した情報を基に，読み取った内容をまとめている。（○）	【深化ボードの確認・ワークシートの記述の確認】 C：資料から読み取れているかなどの進捗状況を確認し，補足するための資料を提示する。
		知	アジアの各地域がどのように経済を発展させているのかを理解している（○）	【深化ボードの確認・ワークシートの記述の確認】 C：各担当の発表を振り返り，各地域における経済成長の特徴の確認を支援する。
		思	諸資料の読み取りと各地域の調査の考察から，アジア州の特色についてまとめている。（◎）	【ワークシートの記述の分析】 C：学習活動全体を振り返り，何が理解できて何が分からなかったのか，具体的にして記述するように促す。
3	7	態	アジアの特色を理解し，2030年を見据えながら，我が国や他地域の実態を比較したり，関連付けたりして自分の考えをまとめようとしている。（◎）	【ワークシートの記述の分析】 C：既習事項を振り返りながら，自分の学びがつながるように，諸資料の読み取りを支援し，自分の考えを記述できるよう促す。

【生徒に獲得させたい認識】
　アジア州は人口の多い国がたくさんある。アジア州は世界の中でもわずか4分の1の面積にも関わらず，約6割の人口を占めているだけでなく，多様な民族や宗教といった様々な面を持った地域である。アジアでは多くの農産物が生産されているだけでなく，貿易についても農産物中心から機械類中心になってきているなど，大きく経済が成長している。それは，アジアに多くの資源があるということだけではなく，他国と比べると安い労働力ということで多くの外国からの企業が進出していることも，工業が成長してきた理由として考えられる。また，ASEANをはじめとする経済の結び付きが強くなっていることも経済発展につながっている。

主たる学習活動	指導上の留意点	時
・アジア州の人々の生活について，小学校での学習したことなども踏まえたイメージを記述し，共有する。 ・身の回りの「MADE IN ○○」を調査したことを，それぞれ発表し，その内容を全体で共有する。 【課題】 なぜ，私たちの身の回りにはアジアの商品が多くあるのだろうか ・予想を基に課題に対する考えを構造化し，共有する。 ・地図帳の主題図や統計から読み取れたことを中心に，アジア州とはどのような地域なのか，深化シートに各自記入する。 【課題】 なぜ，アジアの国々は，急速に経済成長を遂げたのだろうか ・予想の根拠となる資料を調査する。 ・アジアの経済成長の構造を考え，共有する。	・小学校での既習事項を引き出すように発問しながら，アジア州に対するイメージを共有できるようにする。 ・単元を通して，考えの変容・深まりを記録できるワークシート（深化シート）を配布する。 ・課題をさらに意識させるために，教師からの一方的な提示にならないように，生徒の発言をつなぎながら課題を設定する。 ・生徒の経験則，資料から読み取れたことを使い，アジア州の説明を行わせる。 ・名目GDPなどの資料を読み取らせ補足をする。 ・単元末に向けて，様々な視点を考えさせられる問い直しを心がけ展開していく。	1 ― 3
【単元を貫く課題】2030年までにアジアで経済の急成長を遂げる国はどこだろうか		
・予想の根拠となる資料を調査する。	・地図帳の統計などを根拠にしながら，自分の予想を立てるように促す。	
・経済成長を遂げると予想した国について，単元を貫く課題に対する調査活動をする。 ・それぞれが調査したことを小グループごとにまとめ，他の班の意見を聞き取りながら情報をまとめる。 ・エキスパート活動でまとめたことを，ジグソー活動で発表し合う。 ・今までの学習活動を振り返り，単元を貫く課題について，深化シートに自分の考えをまとめる。	・主張するための根拠をどの資料から読み取って得たのかを明確にさせる。 ・ただ情報をまとめるではなく，単元を貫く課題を意識しながら情報が共有できるよう促す。 ・読み取ったことを関連付けて，課題について多面的・多角的に考察させる。	4 ― 6
【パフォーマンス課題】 　今月の職場体験学習を通して，経済にも少し目を向ける経験ができたFy73期生。そんなあなたは家族で見ていたTVで「2030年，日本の企業が進出するアジアの国とは」というニュースのトピックスを目にします。この番組を見ているあなたは，どの国に進出すると予想しますか。これまでの学習してきたことを根拠に実現可能性があり，持続可能な案を家族に伝えなさい。この話を家族にすることで，これからもアジアへの話題に反応していけると感じられるようにしましょう。		7
・企業にとって実現可能な進出先を考える。 ・今までの学習活動を振り返り，単元を貫く課題について再構築された自分の考えを深化シートに論述する。 ・それぞれが考えた持続可能な案について，話し合いや発表，討論をする。	・深化シート全体を俯瞰し，学習の学びの深まりや思考の変容について注目させる。 ・話し合い活動を充実させるために，個人の考えを明確にさせる。 ・これまでの学習事項や新たに獲得した認識を基に表現させる。	

社会科実践例②

1 単元を通じて実現を目指す「学びに向かう力」が高まっている生徒の姿

　近世における幕府の政治の展開について，当時の社会背景など，つながりに着目して，多面的・多角的に考察し，学習課題を主体的に追究している姿。

2 単元について

　本単元では，『新学習指導要領』中項目「(3) 近世の日本」において，特に社会の変動の中で幕府の政治が行き詰まっていった様子を扱う。その中で，この単元を貫く学習課題を「なぜ，幕府の政治改革が必要となったのだろうか」と設定した。天下泰平の世とされる江戸時代に，政治の改革が必要となった社会背景について考察し，文章で表現することで，思考力，判断力，表現力等を高めることへとつなげたい。そのために，貨幣経済の広がりが幕府の財政を悪化させ，幕府の政治の行き詰まりへとつながっていくことなど，幕府の諸改革の展開をその背景と関連付けて，多面的・多角的に考察させたい。そして，諸事象を関連させて考察した結果から，より大きな社会の変化について理解できるように，生徒に粘り強く，自己調整を通して課題を解決する力を高めさせていきたい。

3 「学びに向かう力」を育む指導と評価のポイント

(1) 現代社会とのつながりを意識する

　導入で，現代の出来事を取り上げることや学んだ歴史的な事象を現代社会の事と対比して考えさせることを通じて，現代社会とのつながりを生徒たちが意識できるように工夫する。例えば，自然災害とその対応について近世と現代の共通点を考えさせることによっ

て，単元の導入時に，生徒たちの興味・関心を高めることができる。

(2) 資料を効果的に提示する

　幕府の諸改革の展開について，それぞれの政策を知識的に整理するだけではなく，それらの政策が立案・実行された背景に着目できるように，グラフなどの資料を用いて，社会の変化を読み取らせる。次に，読み取った情報を基に，その後の様子や結果などを予想させ，生徒たちの考えを裏付ける資料を提示したり，予想と反する結果が示された資料を提示したりすることで，生徒たちの思考が深まるようにする。また，それらを相互に関連付けることにより，その時代を通じた社会の変化を考えられるようにする。

(3) 自身の学びから次につながる気付きを見つける

　生徒たちの気付きを促すために，授業を展開する中で，生徒たちの発言やつぶやきを価値付けるようにする。そして，単元の最後で，最初に持っていた江戸時代のイメージと本単元での学びの結果となる最終課題の記述を比較させ，新たにどのような気付きがあったかを個人で振り返らせる。また，振り返った内容から，近世の特色を表すキーワードを考えさせ，近世の日本を大観して，時代の特色を表現することにつなげられるようにする。

4 授業の実際

　第１次では，江戸時代が安定するのはいつなのかという問いに対して，生徒たちは人口と耕地面積の推移のグラフを基に予測を立てた。すると，西暦1700年前後を境に人口・耕地面積ともに増加が落ち着いていることから，最初の100年を急成長の時期，その後の時期を安定の時期と捉えた。そこで，17世紀

後半に，幕府の財政が悪化したことが分かる資料を示した。あるクラスでは自分たちの予想と反していたため，「なぜ赤字になってしまったのか」という疑問を持ち，「何にお金が使われていたのか」など，当時の綱吉の政治に対する関心が高まる姿が見られた。また，別のクラスでは，一揆の発生件数の推移のグラフと関連させ，「安定の時期だからこそ，人々が訴えを起こす余裕があり，一揆の件数が増えたのではないか」と考える生徒もいた。次に，財政赤字に転換した綱吉の政治を，武家諸法度の改訂から考えさせた。ほとんどの生徒が，文治政治へと転換したことを捉えることができた。その上で，どのような社会背景があったのかを全体で考えさせると，朱子学などを重視した背景には，江戸時代が身分制の社会であったことが関係していると気付き，それは秀吉の時代に基礎がつくられ，確立していったことをクラスで共有することができた。さらに，その他の綱吉の政治を学んでいく中で，戦乱があった時代と比べると，生活が落ち着いた世の中で，現代社会と同じように人々が生活の豊かさを求めたり，娯楽を楽しむようになったり，価値観の変化があったと推測する生徒もいた。

幕府の政治の展開を学ぶ第2次では，まず江戸時代が天下泰平の世とされる見方を再確認した上で，「何も問題がなかったのか」と問いかけた。すると，「そうではない」という返答が多かったので，「では，幕府は問題があった場合，どう対応していたのか」と，さらに問いかけた。それに対し「その時々で，何か対策を立てたのではないか」という多くの生徒の声を基に，次の動きとして，吉宗・田沼・松平の政治について班で分担して調べさせ，共有することで3人の政治についての理解を深めさせた。その後，「3人の政治の主目的は何か」と問うと，どのクラスでも「幕府の財政の立て直し」というのが共通のキーワードとして挙がった。そこで，班ごとに，3人の政治について，財政政策の内容を比較させたり，様々な身分の立場から多角的に分析・整理させたりした。すると，どの政治に対しても，単純な良し悪しではなく，立場の違いやそれぞれの政策の長所と短所を捉えられていた。班の中での話し合いでは，「結局，3人とも財政の立て直しができていない」や「どの改革も幕府本位の考え方だから結局はうまくいかない」などの意見も出ていた。

第6時のまとめでは，幕府の収入が江戸時代を通して，年貢に頼る部分が多かったことを示す資料を提示した上で，最終課題「なぜ，幕府の政治改革が必要となったのか」を記述させた。結果，**図1**のような記述が見られた。

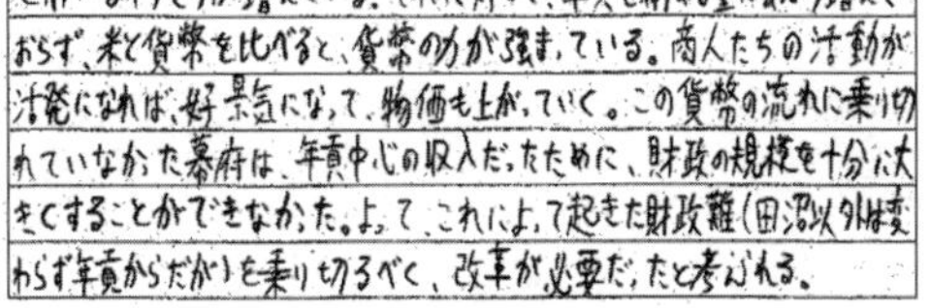
やはり、商業の活発化によるものが大きいと思う。商人と取り引きを行う農民が現れたり、商品作物の登場、更には田沼意次の政治など、貨幣を用いるやりとりが増えている。それに対して、年貢を納める量はあまり増えておらず、米と貨幣を比べると、貨幣の力が強まっている。商人たちの活動が活発になれば、好景気になって、物価も上がっていく。この貨幣の流れに乗り切れていなかった幕府は、年貢中心の収入だったために、財政の規模を十分に大きくすることができなかった。よって、これによって起きた財政難(田沼以外は変わらず年貢からだが)を乗り切るべく、改革が必要だったと考えられる。

図1　生徒の最終課題の記述

この生徒は，商業の発展や米に対して貨幣経済が強まっていったことが背景にあると捉えられている。また，「幕府の政策は，富がある人にはよいが，貧困の人には厳しく，その反発から改革が繰り返されたのではないか」という記述もあった。他の生徒でも経済的な視点で社会の変化を捉えられた記述が多く見られた。また，ある生徒は，本単元の学びを「一人のことを単体で学ぶのではなく，つなげて二人，三人と考えることによって，時代の背景が見えてくる」と振り返り，次の学びに生かせる視点に気付けていた。

●参考文献

藤田覚（2002）『近世の三大改革』，山川出版社

（山本　将弘）

[資料]　資質・能力育成のプロセス（6時間扱い）

次	時		評価規準	【　】内は評価方法 及び Cの生徒への手立て
1	1 ｜ 2	態	現代の出来事と比較しながら，江戸時代の課題について追究しようとしている。（○）	【発言の確認】 C：他の例も挙げて対比しやすいようにする。
		思	江戸時代の百姓の暮らしについて振り返り，当時の人々の様子について考察し，表現している。（○）	【発言の確認】【ワークシートの記述の確認】 C：これまでの学習のポイントを振り返らせる。
		知	一揆について，学習上の課題につながる情報を適切に読み取っている。（○）	【発言の確認】【ワークシートの記述の確認】 C：読み取れたことを，全体で丁寧に確認させたり，他の生徒に説明させたりする。
		思	「なぜ，幕府の政治改革が必要となったのだろうか」について，今ある情報を基に，自分の考えを文章で表現している。（○）	【発言の確認】【ワークシートの記述の確認】 C：百姓の暮らしについて，振り返らせる。
		知	江戸の災害や飢饉について，農村を中心とした社会の変化に関する資料から読み取れる情報を整理し，説明している。（○◎）	【ワークシートの記述の確認・分析】 C：読み取れることを，丁寧に整理させたり，キーワード化させたりする。
2	3 ｜ 5	知	幕府の政治について，その背景となったことも含めて，必要な情報を調べ適切に選択している。（○）	【ワークシートの記述の確認】 C：教科書・資料集から読み取れる情報を丁寧に整理させる。
		思	調べたことや発表を基にして，幕府の諸改革について，多面的・多角的に考察し，表現している。（○）	【ワークシートの記述の確認】 C：百姓の視点に立てているかを確認させる。
		態	社会背景も考えながら，提示された視点に沿って，繰り返し考えようとしている。（○）	【ワークシートの記述の確認】【発言の確認】 C：一つの政策において，百姓と武士ではどのような違いがあるのか，比較させる。
		思	百姓の視点で，社会の変化と幕府の改革の変化について，事象を相互に関連付けて，多面的・多角的に考察し，表現している。（◎）	【ワークシートの記述の分析】 C：整理すべき内容のキーワードを確認させ，それらのつながりに着目させる。
3	6	知	学習したことを基に，幕府政治の行き詰まりについて理解している。（○）	【ワークシートの記述の確認】【発言の確認】 C：整理すべき内容のキーワードを確認させる。
		態	これまでの学習を踏まえて，幕府の政治改革が繰り返された理由をまとめ，江戸時代の課題について主体的に追究しようとしている。（◎）	【ワークシートの記述の分析】 C：資料から読み取れたことを，もう一度確認させる。

主たる学習活動	指導上の留意点	時
・現代社会のニュースや出来事（神奈川県の城山ダム放流など）から，国や地方公共団体には，住民の安全な生活の保障が求められることをつかむ。 ・江戸時代の人々が，幕府に対して（生活の保障のために）何を求めたのか，またそれはどのようなときだったか考える。 ・人口の推移や新田開発に関する資料から，17世紀の社会の様子を整理する。 ・徳川綱吉の時代を例に，江戸時代が本当に安定した時代だったのか，考える。 ・本単元での課題を共有する。 【本単元を貫く課題】 （天下泰平の世といわれているのに）なぜ，幕府の政治改革が必要となったのだろうか。 ・課題について，個人の考えを持つ（予想）。 ・一揆について知識を整理したり，一揆の発生件数の推移をグラフから読み取ったりして，気付いたことをまとめる。 ・江戸の災害年表から気付いたことを整理する。 ・飢饉について，資料から読み取ったことを整理する。 ・農村の変化や商業の発達について，資料から読み取り整理する。	・現代の事例から考えることで，歴史の学習が現代の課題とつなげられるように，意識することをつかませる。 ・前単元の内容（主に百姓の暮らしについて）を振り返らせ，それを基に考えるように促す。 ・資料を丁寧に読み取るように声をかける。 ・江戸の体制が整ったのがいつなのかを問い直し，全体で共有させる。 ・生徒自身に，本単元で高める力が何かを明確に意識させる。 ・一揆について丁寧に整理させ，飢饉によって増えているだけではないことや，江戸時代前期よりも中期以降の方が増えていることなどを，グラフから気付かせる。 ・幕府の政治改革が求められるようになった社会背景について，様々な資料から情報を集め整理させる。	1 — 2
【課題】 徳川吉宗・田沼意次・松平定信の政治は，それぞれどんな特徴を持っていたのか，整理しよう。 ・徳川吉宗・田沼意次・松平定信の政治について，分担して調べて，知識を整理する。 ・班で協力して，3人の政治を比較し，その政治の目的や背景について，整理する。 ・様々な視点（幕府の財政の安定化，百姓・町人・武士にとって）で，3人の政治について整理し，クラスで共有する。 ・3人の政治の特徴をキーワードや短文で表現する。	・どの改革についてもバランスよく取り組めるように促す。 ・どのような情報が必要か，何を整理すべきか指導する。 ・新たな疑問や気付きへとつなげられるように，出された意見を可視化し，比較し，問い直すことを促す。	3 — 5
【課題】 （時代背景を踏まえて）なぜ，幕府の政治改革が必要となったのかまとめよう。 ・江戸時代の中期（18世紀頃）がどのような時期だったか，これまでの学習を整理する。 ・単元の最終課題について，個人の考えを記述する。	・自分の考えに捉われず，多面的・多角的に考えられるように促す。 ・江戸時代の前期と比較させ，時代背景を捉えた記述となるように指導する。	6

数学科

実践例①〜③

1　数学科が考える「学びに向かう力」を育む指導と評価のポイント

　本校では『新学習指導要領』の改訂の方向性を意識し，4年前から資質・能力の育成を目指して研究を行ってきている。『新学習指導要領』では，目標の一つに「数学的活動の楽しさや数学のよさを実感して粘り強く考え，数学を生活や学習に生かそうとする態度，問題解決の過程を振り返って評価・改善しようとする態度を養う」ことが挙げられている。本校数学科では，数学の本質を「未知の事柄を論理的，統合的・発展的に考察したり，また問題を解決する過程で役に立つ方法に着目して振り返ったりすること」と捉えている。そこで今年度は，上記の目標を達成するために必要なことは，論理的，統合的・発展的に考察したりする活動，いわゆる「見方・考え方」を働かせる数学的活動を充実させることや，振り返りの質を高める上で考えたことのアウトプットをする言語活動を充実させることであると考え，それが実現できるような授業のあり方について，単元構成などを含めて考察していきたい。

（1）「見方・考え方」を働かせる数学的活動の充実

　探究の過程において，結果や解決の方法を見通すことや，それらを振り返ることは数学的活動の中で重要な要素であると考える。解決までの道筋がすぐに見当がつく課題ではなく，試行錯誤をした後に道筋が見えてくるような課題を，言語活動を伴いながら協働的に取り組むことで，個の思考に変容を生み出し，問題解決に有効に働いた視点や考え方を方法知として活用できるようになることが期待できる。そのためには，授業者がその単元で身に付けさせたい力や身に付けた生徒の姿を明確にイメージする必要があり，その実現のためにどのような段階を経て獲得させていくべきかを計画し，「見方・考え方」を働かせる数学的活動を工夫することが大切である。

　例えば，1年生「比例・反比例」の授業で「比例・反比例のグラフの面積」という課題がある（『附属横浜中』（2019））。これは，図1の比例や反比例のそれぞれのグラフにおいて，$S_1＝S_2$となることを，既習事項を基に演繹的に説明する活動であ

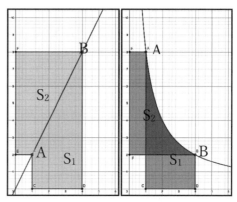

図1　証明したい面積

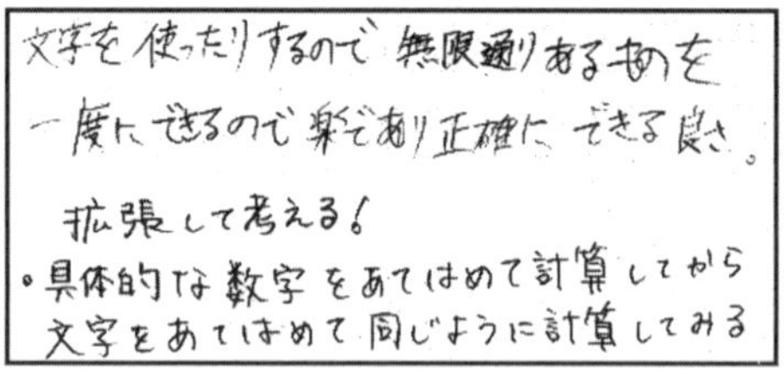

図2　検証に有効な方法

る。解決過程で，A，Bの位置や比例定数を変えても$S_1＝S_2$となることを帰納的に見いだしたり，文字や図形の性質を使って演繹的に説明したりする姿が見られた。そして，図2のように見いだした方法知を自分の言葉でまとめ，改めて整理させることで，働いた「見方・考え方」をより実感させることができた。

（2）自らの学びを価値付ける振り返りの計画的な設定

『新解説』では，「数学の学習において数学的な見方・考え方を働かせる機会を意図的に設定することが重要であり，数学や他教科の学習を通して，数学的な見方・考え方も更に豊かなものになる」と述べられている（pp.22-23）。この実現のために教科でできることは，論理的，統合的・発展的に考える機会を増やし，学びの振り返り方を「考え方のまとめ」まで広げることと，そこで得られた考え方を別の場面で生かせるように，単元内の構成や単元を超えた課題設定を工夫することであると考える。

例えば，２年生「一次関数」の授業で「バケツリレーに要する時間を予想する」という課題がある（『附属横浜中』(2019)）。これは，学年の生徒全体（135人）でバケツリレーを行った際にかかる時間がどれぐらいになるかを，時間と人数に一次関数の関係があるとみなし，グラフや近似式を用いて予想する活動である。この過程の中で，５人，10人，15人と計測人数を増やしていく中で135人にかかる時間を帰納的に予想したり，その５人の結果自体も１回での結果をそのまま当てはめるのではなく，複数の５人組の結果の平均値を用いたりするなど，課題解決の「方法」にも焦点を当て，より適切な方法を模索し続ける姿が見受けられた。また**図３**のように，関数のよさに加え，グラフや式の汎用性にも着目して，活動を価値付けられていた。

振り返りを行うに当たっては，１時間ごとよりも内容のまとまりごとに振り返らせるほうが，一連のプロセスそのものが見直しやすくなり，身に付けた「方法知」がより明確に実感されると考える。また，生徒への還元方法も，生徒個々に着眼点のよさや今後に期待することをコメントして返すだけではなく，「教科通信」を作成し，その中でよい記述を取り上げて全体へ発信し共有させる。このような他者との交流を含めた方法は，より広く事象を捉える素地の育成に効果的だと考える。

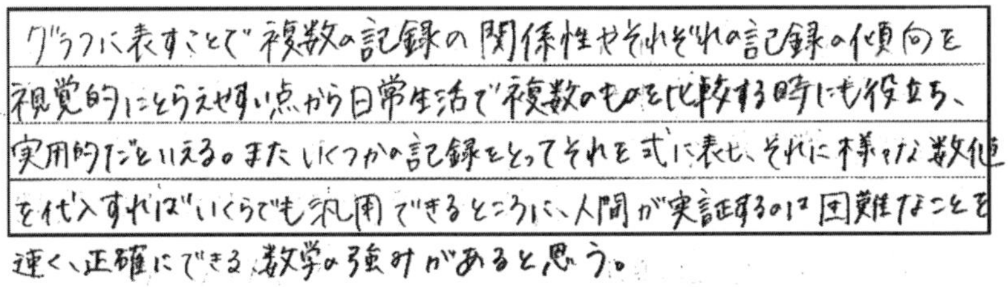
グラフに表すことで複数の記録の関係性やそれぞれの記録の傾向を
視覚的にとらえやすい点から日常生活で複数のものを比較する時にも役立ち、
実用的だといえる。またいくつかの記録をとってそれを式に表せ、それに様々な数値
を代入すればいくらでも汎用できるところに、人間が実証するのは困難なことを
速く、正確にできる数学の強みがあると思う。

図３「一次関数」の単元の終わりに書いた生徒の記述

2　成果と課題

今年度は，「学びに向かう力を育む授業」について，昨年度までの研究を踏まえ実践してきた。その結果，試行錯誤しながら課題解決を目指す過程で，生徒に気付いたことをその都度整理させ，働いた「見方・考え方」を実感させること，教師がその生徒の姿や言葉や声を注視し，認め励ましたり問い直したりすること，そして，実感したことを働かせて取り組む必要のある新たな問いに出会わせることが，次の学びへの原動力となることが分かった。

今年度の実践は，関数領域に偏ってしまい，生徒は同領域における「縦のつながり」を意識して，「見方・考え方」を働かせて取り組めていたが，今後は「横のつながり」も意識して，領域の枠を越えて「見方・考え方」を働かせられるような場面や問いの生成について，生徒の実態を考慮しながら追究をしていきたい。

数学科実践例①

1　単元を通じて実現を目指す「学びに向かう力」が高まっている生徒の姿

　関数関係とみなすことができる課題に対して，自ら収集したデータを根拠として解決方法を模索している姿。

2　単元について

　単元を合計21時間で次のように計画した。

[第１次]　関数について　　　　　　　4時間
[第２次]　比例，座標について　　　　8時間
[第３次]　反比例について　　　　　　4時間
[第４次]　関数の利用について　　　　5時間

　本稿では主に第４次を取り上げる。１学期に扱った単元「文字と式」では，規則性を文字で表現して一般化する力を培ってきた。また，文字で表現した式に様々な値を代入して具体的な値を求めることで，文字を用いて表現することのよさについても理解を深めてきた。

　本単元では，文字を用いて式化することのよさに触れながら，日常生活における数量間の関係を探究するための基礎づくりを目指していく。「ペットボトルキャップの個数を見積もる」や「１つの記事をパソコンで打ち込むのにかかる時間を見積もる」は，具体的な事象の中にある数量の関係を関数とみなして考える内容である。比例，反比例の関係にあるとみなして考察する価値がある事象は現実の世界に数多くあり，理想化して考えることで数学の世界でそれらを捉えやすくなる。既習事項を活用して現実の世界にある問題に取り組ませることで，数学を学習することの意義の認識を深めさせたい。また，関数的な見方や考え方を働かせて問題解決に当たる経験を通して，「最適解」を探究する姿勢を身に付けさせていきたい。

3　「学びに向かう力」を育む指導と評価のポイント

（1）試行錯誤の中で変化する思考

　単元における固有の知識及び技能の習得後に，比例，反比例とみなすことができる事象を挙げさせると，具体的に「分速 x m で y 分歩いた時ときの距離が400m」「x g の食塩水に50 g の食塩が入っているときの濃度が y ％」などの例が挙がり，現実世界とのつながりを実感していることが見受けられた。また，課題の提示では，授業者の実体験を踏まえ，解決する必然性を味わわせることを心がけた。クラスで出した答えに対して，「記事をパソコンで打ち込んだときにかかる時間の見積もり」の課題における「最適解」の定義を投げかけ，さらに生徒たちの思考に揺さぶりをかける。単元を通して，自分の考えの変化を認め，よりよいものを求める粘り強さが身に付いていく姿が期待できると考える。

（2）言語活動で広がる表現の幅

　これまでの学習で比や割合の考え方を習得しているため，比例，反比例の考え方を用いることの有用性について気付けるような発問をする。これまでの課題で得た知見や，意見交換を通して，比や割合の考えから比例の考えへ発展させることで表現の幅の広がりを実感させる。比例の考えを適用させるに至った経緯や，比例だからこそ表現できることを話し合い，関数や比例を用いて考えることの価値に気付かせる。また，自らの思考を言語化し表現できた生徒の発言や記述を全体で紹介し価値付けることで，生徒の中で新たな表現を身に付けられると考えられる。これまで説明できなかった自分の中の考えが言語活動を通して表現できる経験を通して，生徒の成長を見取りたい。

4 授業の実際

授業の冒頭で，「英文の記事を打ち込むためにどれくらいの時間がかかるか」と，実際に英文の記事（約1200文字）を提示し投げかけた。各々が直感でかかる時間について予想しながら，課題を解決する上で時間を見積もることの重要性について確認し合った。見積もりに大きな時間をかけられない状況を想定して，課題解決の方針について個人で考える時間を設けた。その後，近くの人と課題解決の方針について話し合う時間を設けると，意見を交換しながら方針を修正していく様子が見られた。クラスからは，「1行打つために必要な時間を計り，行数倍する」「1分間で打てる文字数を数え，記事全体の文字数から時間を推測する」などの意見が提案された。そして，提案されたデータのとり方の特徴をクラス全体で吟味する中で，「1行の文字数が行によって異なるから，文字数で考えたほうが正確だと思う」という意見から，文字数に着目したデータをとる方針でコンセンサスが得られた。

各々が所持している TPC と記事を用いてデータの測定を行った。測定したデータを根拠にして時間を見積もる際，多くの生徒が測定したデータと全体の文字数を用いて乗法（除法）を用いた時間の見積もりを行っていた。「なぜ，乗法（除法）を用いて全体の時間が見積れるのか」と投げかけると少しの沈黙の後，以前学習した「入力にかかる時間と文字数の関係がだいたい比例になるから」や「ペットボトルキャップの個数の見積もりの際に用いた，個数と重さの関係に似ているから」など，2変数の関係に着目する意見が出てきた。それらの意見の共有後には自分が行った計算の意味を改めて認識している様子も見られ，クラスで考えることの意義が確認できた。また，立式することで記事の量が増えても対応できるようになることや，本課題における比例定数の意味について確認し合っ

た。後日，記事全体を実際に入力し課題の検証（**図1**）を行った。誤差数十秒，数分以内という結果を得て，現実の問題を数学的に考えることのよさについて実感する様子が見られた。

図1　TPC で検証している様子

授業の終わりに，1分間で打てる文字数から考えたクラスに対して，「現実の問題では文字数を数えることの労力と見積もることによって得られるメリットが合わないこともあるのではないか」と授業の終わりに投げかけた。現実世界で求めたい結果の幅がどれだけ正確でなければいけないか，数学的に考えることのよさについて実感しながらも，正確性だけに着目しない，より現実に即した視点を持つことができたことを生徒の記述（**図2**）から読み取れた。

> 数は正確にすることが一番ではあるが，この社会において「だいたい」という考え方は必要になると感じた。数学の問題で計算をするときも，まずは「だいたい」という考え方をしてから正確な値を出すようにしたい。

図2　生徒の振り返りの記述

課題を解決していくプロセスを教師が誘導せず，生徒に委ねることが重要であると考えられる。しかし，生徒が課題解決への距離の開きを感じてしまうと解決までに非常に長いプロセスを要する。生徒が自ら課題解決に向けて進むことができるような教師側の意図的な仕掛けについて今後も検討を重ねていきたい。　　　　　　　　　（高木　紀）

[資料]　資質・能力育成のプロセス（5時間扱い）

次	時	評価規準	【　】内は評価方法 及び Cの生徒への手立て
4	1	態　比例の考え方を用いて，グラフから進行の様子を調べ，解決しようとしている。（○） 思　グラフから関数関係を読み取り，問題解決に必要な特徴を説明することができる。（○）	【ワークシートの記述の確認】【発言の確認】 C：課題文とグラフがどのように対応しているか考えさせる。 【ワークシートの記述の確認】【発言の確認】 C：表，式，グラフの三つを対応させてその特徴を可視化させ，座標軸における負の方向にどのような意味があるか考えさせる。
	2	知　図形の変化を捉え，グラフに表すことができる。（○）	【ワークシートの記述の確認】【行動の確認】 C：変域の考え方を振り返らせ，グラフで表す際にどのように注意しなければならないか考えさせる。
	3	知　調べた結果を用いて，表や式，グラフで表現することができる。（○） 思　比例の見方，考え方を活用して，二つの数量関係の特徴を見いだし，問題解決に生かすことができる。（○◎）	【行動の確認】 C：二つの数量に着目させ，問題解決の糸口を見つけさせる。 【ワークシートの記述の分析】【発言の確認】 C：調べた結果を用いて表や式，グラフを用いて表現できないか考えさせ，キャップの個数を求めるに至った考え方を記述して整理させる。
	4 － 5	態　必要な時間をこれまでの学習で身に付けたことを生かして見積ろうとしている。（○◎） 知　調べた結果を用いて，表や式，グラフで表現することができる。（○） 思　二つの量に関数関係があるとみなして，表や式，グラフを用いて表現し説明することができる。（○◎）	【ワークシートの記述の分析】【行動の確認】 C：必要な情報を考えさせ，問題解決の糸口を見つけさせる。 【行動の確認】 C：文章を打ち込むためにどれだけの時間が必要か根拠を持って考えさせる。 【ワークシートの記述の分析】【行動の確認】 C：文章を打ち込むために必要な時間を表や式，グラフを用いて整理させる。

主たる学習活動	指導上の留意点	時
【課題1】 学校から東へ2400m離れた公園まで，Aさんは自転車でBさんは同じ道を歩いて行きました。進行の様子を表したグラフを基にしていろいろなことを調べよう。 ・距離，時間から速さを求める。 ・変数を用いて距離，時間，速さの関係を式にする。 ・グラフと表を用いて数値を可視化する。 ・グラフの特徴を読み取り，分かることを整理する。 ・西へ向かうCさんを登場させて，グラフに整理する。	・二つのグラフからどのような情報を読み取ることができるか，考え方を整理する時間をしっかりと確保する。 ・他の生徒がつまずいている部分や，多くの人が発見していない考え方を丁寧に拾い上げ，発表させたり紹介したりする。 ・Cさんを登場させてグラフに整理する際，負の数の考え方をどのようにしてグラフに表現すればよいか可視化させてから整理させる。	1
【課題2】 直角三角形において，底辺の長さxを変化させたとき，面積yとの関係について調べよう。 ・図形の変化の特徴を共有して立式する。 ・変域の考え方について振り返る。 ・底辺の長さと面積の関係をグラフにして整理する。 ・様々な数値を代入して具体的な値を求める。 ・グラフから図形の変化を読み取る練習をする。	・多くの生徒の意見を拾っていく中で，底辺の長さxがどのような値でも成立するわけではないことに気付かせ，変域を表現することの重要性に触れる。 ・具体的な値の代入を通して，式で表現することの有用さを実感させる。	2
【課題3】 袋の中に入っているたくさんのペットボトルのキャップの個数を見積もってみよう。 ・ペットボトルのキャップの個数をどのようにして数えるか個人と集団で検討する。 ・実際に必要なデータを集めてグラフや式で整理する。 ・個人や集団で出した答えを全体で共有する。 ・共有した結果を踏まえて，自分なりのペットボトルのキャップの個数の見積もり方をまとめる。	・数え上げることの困難さを理解した上で，どのように工夫して数えれば，効率よくできるだけ正確に数えることができるか考えさせる。 ・関数の考え方を用いて表現することが有用であることを理解させるとともに，得られた値がどこまで正確な値に近づいたかという点と，どのようにして値を得ることでより正確な値へ近づけるかという点についても意見を共有してよりよい答えを導き出させる。	3
【課題4】 1つの記事をパソコンで打ち込んだときにかかる時間を見積もってみよう。 ・約1200字の記事入力するために，どれだけの時間がかかるか個人で予想する。 ・個人の考え方を周りと共有し，見積もり方の方針を定めてデータを集める。 ・実測したデータを整理して，発表する。 ・発表に際して，使われた式や言葉の意味について振り返る。	・これまでの課題1～3で得られた考え方で使える考え方はないか問いかけ，様々な意見を拾い上げる。 ・集めたデータをどのように表現すると他の人に対して上手に伝えられるか考えさせる。 ・課題を掘り下げて考えたときに，今まで学習してきたことで使える知識や表現はないか振り返らせる。さらに，その表現を用いることはどのようなメリットがあるかという点も再度整理させる。	4 ― 5

数学科実践例②

1　題材を通じて実現を目指す「学びに向かう力」が高まっている生徒の姿

他者と協働しながら，複雑な関数関係を帰納的に探り，発展的に考察している姿。

2　題材について

関数の学習では，具体的な事象における二つの数量の変化や対応を調べることを通して，関数関係を見いだし考察し表現することができるようにしたい。

本題材「格子多角形の面積の求め方を見つけよう」は，［第２学年］C（1）イ（ア）に当たり，ピックの定理を発見する学習である。ピックの定理とは，「格子点を結んでつくられた（内部に穴がない）多角形の面積（S）は，辺上の格子点の個数（a）と内部の格子点の個数（b）で決まり，$S = \frac{1}{2}a + b - 1$である。」という定理である。Sを決定する要素がaとbの二つあることを，主体的に探り対話を通して見いだしたり，変化や対応の関係から2変数の一次関数として式化したりして，一次関数の理解を深めさせたい。

3　「学びに向かう力」を育む指導と評価のポイント

（1）没頭できる課題設定

共通性や規則性が見え隠れする課題を設定することは，生徒の学習意欲の向上に加え，主体的に取り組む姿を生み出す大きな要素と言える。本題材は帰納的に調べた情報から，Sとa，bの関係が見え，さらに，a，bの値を変化させるとSが規則的に変化する様子が見える題材である。探究する過程で「Sを決定する変数（独立変数）は何か」「その変数を変化させるとSはどのように変化するか」を考察させることが大切であり，それがこの

題材のねらいである。独立変数がa，bであることや，a，bとSの変化や対応の規則性に気付いた後には，既習事項と結び付け，ピックの定理としてまとめていく。これにより数学の有用性や美しさに触れることができ，後の学習に期待感を持たせることができる。また，一連のプロセスを通して，独立変数を見つける上で有効だった方法や，2変数関数を式化する上でのコツを自覚させることで，働いた数学的な見方・考え方を実感させたい。

（2）汎用的スキルを自覚させる工夫

学習の導入時に問題解決に必要なプロセスや結果を見通す活動は，生徒の学習意欲や主体的に取り組む姿を生み出すために大変有効であり，また，学習の終末時に適切に振り返る活動を行うことによって，結果やそのプロセスに価値付けがされる。

帰納的に格子点の個数と辺上の個数，多角形の面積の関係を考察する中で，等しい面積を持つ多角形の格子点の個数の共通性や規則性に気付かせたい。また，その過程において，有効に働いた考え方を場面とともに振り返ることで，プロセスにおける方法知をまとめるができると考える。

4　授業の実際（2時間扱い）

1時間目は，面積が1〜3になる格子多角形を個人で考えさせた。そして，班で共有させた後に，GeoGebraを電子黒板に映し，全体でいくつか共有した。

「面積1の図形で共通していることは何か」と全体に問うと，頂点が3個か4個であるとの意見を経て，早い段階で格子点が辺上に4個あることに気付いた。次に「面積2の図形で共通していることは何か」と問うと，辺上

の格子点が6個の場合と4個の場合があることに気付いた。そこで，**図1**の①，②のように，面積2の図形をグループ分けし，各グループの共通点を考えるように促すと，格子点が①辺上に6個の場合は内部に0個，②辺上に4個の場合は内部に1個であることをまとめた。面積3の図形についても同様に考察し，**表1**のようにまとめた後，Sが一定の場合の a，b の関係を考えさせた。

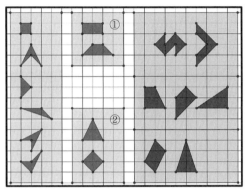

図1　面積1，2，3の格子多角形の例

表1　面積と格子点の個数の分類

面積（S）	1	2		3		
辺上の格子点（a）	4	6	4	8	6	4
内部の格子点（b）	0	0	1	0	1	2

2時間目は，前時の確認をした後，まず，$a=10$，$b=1$ の場合の面積を考えさせた。S＝5と答える生徒が多かったので，多角形を実際に描いて正しいことを全体で確認した後，なぜS＝5と思ったのかを聞くと，「**表1**から帰納的に推測できる」と答えた。そこで，本時のねらい「一般化して a，b からSを求める公式をつくろう」を伝えた。個人で考えた後，班で検討させた。a，b の変化によるS

表2　a，b，Sの関係

b＼a	4	6	8	10	12
0	1	2	3	4	5
1	2	3	4	5	6
2	3	4	5	6	7
3	4	5	6	7	8
4	5	6	7	8	9

の変化を調べるために，**表2**をつくっている生徒もいた。班での検討を経て多くの生徒が式化することができた。生徒たちが考えたSを求める公式の導き方を大別すると，次の3通りである。

I：b を固定してSを a の一次関数と見る。
$b=0$ のとき $S=\frac{1}{2}a-1$，$b=1$ のとき $S=\frac{1}{2}a$，$b=2$ のとき $S=\frac{1}{2}a+1$，…
よって，$S=\frac{1}{2}a+b-1$ が導かれる。

II：a を固定してSを b の一次関数と見て，Iと同様に考える。

III：**表1**より，面積が等しい多角形では，$a+2b$ が一定であることに注目し，Sを $a+2b$ の関数と見る。$a+2b=4$ のとき $S=1$，$a+2b=6$ のとき $S=2$，…，よって，$S=\frac{a+2b}{2}-1$ が導かれる。

最後に，「Sに影響を与える変数が2つあることに気付くことができたのはなぜか」「2つの変数による一次関数を式化する上で有効な方法は何か」をワークシートに記述させた。**図2**は生徒Aの記述である。

様々な場合をまず書いて，その共通点や相違点を探す。
→①その共通点や相違点を文字で一般化して表せるかを考えていく。
→②その相違点が，何らかの形で規則性をもっていないか，様々な角度から確かめていく。
→③「相違点」も式に表せば共通点にできることがある。【発見】

図2　考察するのに役に立つ考え方

考察に役立つ考え方として，生徒Aの記述からは，「仮説を立てる際には帰納的な思考が役に立つ」「相違点をよく観察することで共通点や規則性が見えることがある」が読み取れる。また，別の生徒の記述には「片方の変数を固定することで規則性を見つけやすくなる」などがあった。これらを全体に共有することで，今後の授業で使うことができる方法知とすることができた。　　（関野　真）

[資料] 資質・能力育成のプロセス（14時間扱い）

次	時	評価規準	【　】内は評価方法 及び Cの生徒への手立て
1	1—2	態　具体的な事象から取り出したいくつかの数量の関係が一次関数であるかどうかを，その変化や対応の特徴を基に判断し，説明しようとしている。（○）	【発言の確認】【ワークシートの記述の確認】 C：長さや面積，個数など数量で表せるものの例をいくつか示す。
	3—9	知　事象の中には，一次関数として捉えられるものがあることや，一次関数の表，式，グラフの関連などを理解している。（○）	【発言の確認】【ワークシートの記述の確認】 C：変化や対応の視点で比例との関係に注目させ，グループで確認させながら進めるように促す。
		知　一次関数の関係を，表，式，グラフを用いて的確に表現したり，数学的に処理したり，二元一次方程式を関数関係を表す式と捉えてグラフに表したりすることができる。（○）	【発言の確認】【ワークシートの記述の確認】 C：一次関数や二元一次方程式の意味を確認させ，グループで確認させながら進めるように促す。
2	10—12	知　一次関数の関係を，表，式，グラフを用いて的確に表現したり，数学的に処理したりすることができる。（○）	【発言の確認】【ワークシートの記述の確認】 C：横軸，縦軸が表している数量を確認させ，グラフの形状が表す意味を考えさせる。
	13—14	思　具体的な事象から取り出したいくつかの数量の関係が一次関数であるかどうかを，その変化や対応の特徴を基に判断し，説明することができる。（○◎）	【発言の確認】【ワークシートの記述の分析】 C：共通性や規則性に注目させて仮説を考えるように促す。
		態　事象を数学的な推論の方法を用いて論理的に考察した過程を振り返って，考えを深めようとしている。（○◎）	【振り返りカードの記述の分析】 C：帰納的な考え方，一般化の手法などを思い出せるように，過去のワークシートを参照するように促す。

主たる学習活動	指導上の留意点	時
【課題1】1番目，2番目，3番目，…と大きさが変わる正方形の部屋がある。それぞれの部屋の中のまわりに正方形のタイル（1辺2cm）を並べる。部屋の番号をx，それにともなって変わる量をyとし，xとyの変化の仕方を，表，式，グラフ，言葉で表しなさい。 1番目　　2番目　　　3番目　　　　　　4番目 ・部屋の番号にともなって変化する数量を挙げる。 ・xとyの関係を，表で表す。 ・yをxの式で表す。 ・xとyの関係を，変化や対応の視点で説明する。 ・関数の意味の復習と，一次関数の意味を確認する。	・伴って変化する数量を全体で共有する際に，「呼び方」も確認する。 ・既習事項を例に，関数の「変化や対応の視点」を復習する。	1 ｜ 2
・一次関数と比例の表と式から，共通点と相違点を考え，両者の関係について考察する。 ・一次関数 $y = ax + b$ の式と表から，a，b が表すものを考察し，変化の割合の意味を確認する。 ・一次関数と比例のグラフをかき，両者の共通点と相違点を考察する。 ・既習事項と関連付けながら，一次関数の式の決定の仕方を学ぶ。 ・二元一次方程式と一次関数の関係を考察し，二元一次方程式のグラフのかき方を学ぶ。 ・連立方程式とグラフの交点の関係について考察する。	・表，式，グラフの全てにおいて，比例との比較を行いながら進める。 ・比例との比較を行いながら進めることで，比例の復習を随時行う。	3 ｜ 9
【課題2】移動の様子をグラフから分析しよう。 ・グラフが示す情報を読み取る。 ・グラフから表や式をつくる。 ・グラフから課題を解決する方法を考える。 【課題3】図形の中に現れる変化を，一次関数を利用して解決しよう。 ・動点によってもたらせる変化を，変域ごとに表，グラフを用いて整理する。 ・グラフの傾き具合と変化の様子の関係性を基に，グラフの形状が示す意味を解釈する。	・グラフの傾きが表す数量や座標の差が表している数量が何を意味しているかを考えさせる。 ・グラフを用いることで，視覚的に求めたい数量のおよその大きさを捉えられることや解決の方法を探ることができることを実感させる。 ・ICTを活用して動点の様子を捉えさせ，変化している要素が何かを考えさせる。 ・最初から式で表すのではなく，まずは表とグラフで全体の変化の様子を大まかに把握させる。	10 ｜ 12
【課題4】格子多角形の面積の求め方を見つけよう。 ・格子点を結んで面積が1，2になるように多角形をかき，情報を共有，整理し，共通点を見いだす。 ・多角形の面積を変えて，見いだした共通点の規則性を考察する。 ・見いだした共通点と規則性から，面積を決定付ける変数を考える。 ・面積が見いだした変数の一次関数となることに基に，ピックの定理を導く。 ・独立変数の見つけ方やピックの定理の発見に役立った考察の仕方を，関数の変化や対応の仕方の視点で考える。	・最初からグループの形で情報を共有しながら行わせる。 ・内部格子点がない図形で考察させるために，はじめは面積が小さい図形から始める。 ・見いだした規則性が当てはまらない例（内部格子点がある図形）が出てきた際に，全体で共有して共通点と相違点を考察する。 ・面積を決定付ける要素が二つあることを気付かせて，式化する方法を検討させる。	13 ｜ 14

数学科実践例③

1 単元を通じて実現を目指す「学びに向かう力」が高まっている生徒の姿

具体的な事象の中の二つの数量関係において，様々な条件設定の変更を自ら繰り返すことで事象の考察を深めたり，表現方法や解決過程を振り返って関数的な見方や考え方を適切に働かせられていたかを解釈したりする姿。

2 単元について

『新解説』において，中学校数学科の関数領域では，「関数関係を見いだし考察し表現する力を3年間にわたって徐々に高めていくこと」を目指した指導が求められている。生徒はここまでの2年間で「ペットボトルキャップの個数調べ」や「バケツリレーにかかる時間予想」などを通じて，事象の理想化・単純化を図り，関数関係と「みなす」ことができる関係性を見いだし，実測困難な未知の部分でもグラフや近似式を用いて予想し表現することができるよさを体験的に学んできた。

第3学年では，これまでの学びの上に立って，関数関係に着目して関係性を考察することが解決の有効な手立てとなることを更なる実感として味わわせることを目指す。本題材「封筒から出し入れする厚紙の面積変化」は，様々な形状の厚紙の出し入れによって生じる二つの量の変化や対応の特徴を，表，式，グラフを相互に関連付けながら考察する内容である。見いだした関数関係が未習のものでは正しい立式や正確な値を導くことは難しいが，関係性をおよその形でグラフ化したり，変域に応じて関数が異なることを解釈したりすることは可能と考える。関数的な見方や考え方を働かせて事象の考察を深めさせていくことを通じて，関数領域を学ぶ目的や意義をより一層理解させたい。

3 「学びに向かう力」を育む指導と評価のポイント

（1）学びの連続性を意識した数学的活動

本単元の導入で，単元における学習の見通しを，ここまでの関数領域の内容の確認を含めて全体で行う。これは，固有の知識及び技能や事象を関数的に解釈する視点や考え方など，学び得てきたものや効果的だったものの共有から，本単元でどのような見方・考え方を働かせるべきか最初の段階から意識させるためである。またその後の「封筒と厚紙」の課題は，導入だけではなく後半でも扱う。導入時は曖昧だったグラフの作成や式化が適切に行えるようになったり，他者との交流から関数的に捉える視点の広がりを実感したりすることで，自己の成長や学びの深まりを味わわせたい。

（2）学びの自覚を促す言語活動の充実

終末では「本単元で学び得たものや効果的だった視点や考え方」を整理させる。これにより，3年間で学習してきた関数領域全てに関わる共通点や，$y = ax^2$ にのみ表出される特徴に着目して分類し，関数領域における概念の構造化を図ることが可能になると考える。そのために，個での振り返り，他者との対話，全体での共有の時間を確保し，自身の考えを言語化して交流を重ねさせる。授業者の働きかけとしては，最初の記述内容を書き換えや書き加えることを認め，何度も更新を図り洗練させていくように声かけを行う。「なぜそう思ったか」という着想の説明による自分の考えの顕在化や，他者との交流による学びの深まり具合の焦点化を期待したい。

4 授業の実際

第2時，導入として封筒に長方形と直角三角形の厚紙を入れていく場合の，入れた長さ

(x) と面積 (y) の関係のグラフ化を行った。生徒は，長方形は直線になること，直角三角形は変化の割合が一定でないことから，曲線になることを見いだした。そこで別の図形ではどうなるかを探るため，クラス内で追究する図形を考えさせ，最終的には図1の3つに絞り，グラフ化に取り組ませた。ここでは，概形を捉えさせることに重きを置き，変域によってグラフの形（関数の種類）が異なることなど，分かったことを整理して図示するよう投げかけた。生徒は既習内容を根拠に直線と曲線の組み合わせとなることを，また①②は左右対称の図形であることからグラフは点対称になることを見いだした。その後，グラフ化するよさを全体で考えさせた。「xとyの片方が分かっていれば，もう一方の値もある程度は予想できる」「式が分からなくても先の予想が可能となる」など，変化の様子を大まかでも可視化することの利点が共有できた。

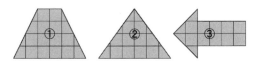

図1　生徒が扱った本題材の3つの図形

そして第13時でも再度同じ問いを扱った。$y=ax^2$や，発展内容として$y=a(x-p)^2+q$をここまでに扱っており，今度は通るべき座標を意識させて正確にグラフをかくことを目的とさせた。その際，表を用いてグラフを作成していた生徒に表のよさについて語ってもらい，あわせて式化の利点についても全体で話し合わせた。「一方の値が分かれば，それがグラフ上では読みにくい値（小数や$\sqrt{\ }$を用いたもの）でも，正確な値が出せる」という発言があり，それを発端に3つの式化に取り組ませた。原点を通らない放物線に苦戦しつつも，既習事項をつなぎ合わせて式化ができていた。ただし，グラフを根拠に式化する班が多く，事前に準備しておいた数学科の別教員が作成した解答（演繹的に立式を行う方法）を

サンプルとして提示し，アプローチの仕方が多様にあることを全体で共有するとともに，どのような説明が適切か全体に問いかけた。

終末では，個での振り返りの後に他者の記述にも目を通してみることを提案した。班で自分の記述を発表させ，それから自分のワークシートを机に置いたまま自由に歩き回って閲覧させた。最後に，最初の自分の記述内容を見直させ，必要に応じて更新することを認めた。生徒は，自分では気付けなかった考えや参考になる記述などを取り入れることができたことで，個のみでの価値付け以上に広い視点で関数領域全体を見渡した振り返りを行うことができたと考える（図2）。これ以外にも「関数関係があるとみなしたり，それをグラフ化したりすることで，予測が立てやすくなった」や，「グラフから読み取るか，式を用いて解決するかを，場面に応じて使い分けることが大切だと思った」など，数学的な見方・考え方が顕在化された記述が目立った。

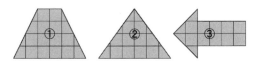

図2　生徒の振り返りの記述

本題材は，本単元で育成を目指す資質・能力がどの程度身に付いているか実感できるように，同一課題を単元の導入と後半で取り上げた。ただし，資質・能力を事前に提示することで思考の固定化を促してしまい，「問いと向き合うことによって新たな問いが生成される」教科の重要なスパイラルが失われてしまう懸念を感じた。見通しを持たせる上で，単元での学びにどのような価値があるかを教師が語ることは重要だが，それをどの場面でどのように行うかで生徒の受け取り方は大きく変わってくる。「問いとの出会わせ方」を含め，今後も追究していきたい。　　（池田　純）

[資料]　資質・能力育成のプロセス（16 時間扱い）

次	時		評価規準	【　】内は評価方法 及び Cの生徒への手立て
1	1 ― 2	知	関数関係を活用して問題を解決する方法や有効な視点，手立てなどを理解している。（○）	【ワークシートの記述の確認】 C：過去のワークシートから，既習の関数の特徴を改めて整理させる。
		思	具体的な事象の中にある二つの数量の関係を，変化や対応の様子に着目して調べ，関数 $y=ax^2$ として捉えられる二つの数量を見いだすことができる。（○）	【発言の確認】【ワークシートの記述の確認】 C：ともなって変わる二つの数量が何かに着目して表を作成させ，式やグラフの表し方などの既習事項を振り返らせる。
	3 ― 9	知	関数 $y=ax^2$ の関係を表，式，グラフで表したり，変化の割合を求めたりすることができる。（○◎）	【行動の確認】【ワークシートの記述の分析】 C：表を基にグラフの概形を書かせたり，表が示す情報をどう読み取れば式化できたり変化の割合が求められたりできるか，解釈の視点を確認させる。
2	10 ― 14	思	具体的な事象から取り出した二つの数量の関係が関数 $y=ax^2$ かどうかを判断し，その変化や対応の特徴を捉え，説明することができる。（○）	【ワークシートの記述の確認】 C：第1次の関数と方程式の関連についての学習を振り返らせ，追いつく瞬間のグラフの様子はどうなっているかを考えさせる。
		思	具体的な事象の中から見いだした関数関係を表やグラフを用いて変化や対応の様子を調べ，その特徴を考察し表現することができる。（◎）	【ワークシートの記述の分析】 C：第1次で扱った問いを振り返らせ，解決に有効に働いた視点や考え方を確認させる。
		知	具体的な事象の中から見いだした関数関係には，既習の比例，反比例，一次関数，関数 $y=ax^2$ とは異なるものがあることを理解している。（○）	【ワークシートの記述の確認】 C：関数関係を見いだすために，二つの数量の変化や対応の様子を確認させ，表にまとめさせる。
	15 ― 16	思	具体的な事象の中から取り出した二つの数量の関係を，理想化・単純化をして関数 $y=ax^2$ とみなし，変化や対応の様子を調べたり予測したりすることができる。（○◎）	【行動の確認】【ワークシートの記述の分析】 C：既習事項で活用できるものがないか，ワークシートなどを見直して振り返るように促す。
		態	関数 $y=ax^2$ を活用した問題解決の過程を振り返り，評価・改善しようとしている。（○◎）	【行動の確認】【振り返りの記述の分析】 C：関数のよさや有効に働いた場面を想起させ，他者との関わりから数学的な表現を適切に用いてまとめられているか確認させる。

66　‖‖‖ 新しい時代に必要となる資質・能力の育成　Ⅴ

主たる学習活動	指導上の留意点	時
比例や一次関数を学習してきて，どのような力や考え方が身に付いたと思うか。またどのような場面で活用できると思うか。 ・個人で振り返って記述したものを班で発表し合い，また全体で共有し，改めて自分の記述内容を確認する。 封筒から紙を出し入れする操作において，紙の大きさや形が変わることで，関数関係にある二つの数量がどのように変化をするか考察しよう。 ・入った紙の長さと入った部分の面積の関数関係において，比例や一次関数とは違う関数関係の場合を，表やグラフを用いて表現する。	・第1学年，第2学年のワークシートなどを参考に，自身の学びの履歴を確認させる。 ・関数における固有の知識及び技能と，関数的な見方や考え方を分けて整理し体系化させる。 ・変化の割合が一定でない関数関係にするにはどのような紙を準備すればよいか吟味させる。 ・関数関係にある二つの数量の変化と対応の様子のグラフ化を目的とし，適切な式化などができなくても可とする。	1 ― 2
関数 $y=ax^2$ の特徴や，関数と図形との関連について考えよう。 ・a の値の大小によって生じる違いを表やグラフで比較して，$y=ax^2$ の特徴を見いだす。 ・変化の割合や平均の速さについて調べる。 ・x の変域が定められた関数 $y=ax^2$ の，y の変域に関する問いに取り組み，変域の特徴をまとめる。 ・求積や面積比の問題など，関数のグラフや軸で囲まれた領域を図形として見る問いに取り組む。	・共通点と相違点に着目することから特徴を見いださせる。 ・x と y の増加量が何を表しているかを基に，変化の割合とその意味について考えさせる。 ・y の変域を視覚的に理解できるように，グラフの概形に着目させる。 ・関数と方程式の関連について，一次関数の学習を振り返らせる。	3 ― 9
身の回りに起こる事象から関数 $y=ax^2$ を見いだして解決しよう。 ・走っている人と自転車に乗っている人の時間と距離の関係を調べ，自転車が走っている人に追いつくまでの時間を考える。 封筒から紙を出し入れする操作において，自由に紙の大きさや形を変えて，関数関係にある二つの数量を変化や対応の様子を改めて考察しよう。 ・第1次で作成した問いを改めて解き直す。 身の回りには，他にどのような関数があるだろうか。 ・駐車場の料金設定など，既習の関数関係にない事例についての問題に取り組む。	・結果を予想させ，その根拠をどのような数学的な解釈から導き出したかを話し合わせる。 ・問題解決の過程を振り返り，問題解決に有効に働いた考えや解き方のポイントを記述させ，関数的な見方や考え方のよさを整理させる。 ・グラフ化すること，立式することのそれぞれのよさについて整理させる。 ・分かりやすい解き方の解説を作成させ，解決までの過程をより適切な表現で説明できるように努めさせる。 ・事象とグラフの関連性を中心に，特徴を考察させるように促す。	10 ― 14
身の回りに起こる事象を，関数 $y=ax^2$ を用いて解決しよう。 ・道路に残ったタイヤのブレーキ痕の長さを基に，自動車が時速何kmで走行していたかを，制動距離との関係性から考察する。 関数 $y=ax^2$ を学習してきて，どのような力や考え方が身に付いたと思うか。またどのような場面で活用できると思うか。 ・個人で振り返って記述したものを班で発表し合い，また全体で共有し，改めて自分の記述内容を確認する。	・二つの数量の変化と対応の様子から既習の関数に近似できる根拠を探らせ，表，式，グラフを関連付けて説明させる。 ・3年間の関数の学習に共通して言えることや身に付いた力などに着目して記述させる。 ・自身の記述を他者と共有させ，新たな気付きや適切な表現を意識して再度自分の考えをまとめるように促す。	15 ― 16

第2部｜各教科の実践

理 科

実践例①〜②

1　理科が考える「学びに向かう力」を育む指導と評価のポイント

　『新学習指導要領』では，資質・能力の育成の一つとして「自然の事象・現象に進んで関わり，科学的に探究しようとする態度を養う」ことが挙げられている。本校では理科の本質を以下のように，

> 「科学的な探究の過程を繰り返すことにより，問題や課題に対して粘り強く取り組み，現状をよりよくしていく人間を育てること」

と定義している。特に科学的な探究の過程を重要視し，その上で，理科の見方・考え方を働かせて，日常生活や実社会における問題や課題に対して，自ら進んで解決するための見通しを立てる姿や，目的に沿った観察・実験の方法を模索し，得られた結果を分析・解釈し，科学的な根拠を基に自分の考えを表現する姿を目指し，授業を進めている。『附属横浜中』（2019）の実践の成果として，仮説を立て検証するための実験方法を考えて他者に説明する場面や，実験結果を分析・解釈する場面などを通して，習得した知識と日常生活での経験が生徒自身の中でつながる瞬間が様々な場面で見られた。日常生活に生きた課題に向かうことや，探究的な活動をくり返すことで，「学びに向かう力」を育み，理科を通して身に付けたことが，日常生活で出会う課題に直面したときに，汎用的に生かすことができると考える。

（1）日常生活や実社会に生きた課題設定

　理科を学習することの意義や有用性を実感させるために，生徒の疑問や予想を想定し，「これはどうなっているのだろう」「学んだ法則はここでも成り立ちそうだ」などの学習意欲が刺激されるような課題設定を心がける。また，中学校の学習内容を超えた知識や技能が必要になってしまうことで，本来の学習の目的が見失われないように注意することも求められる。今年度は，それらを念頭に置きつつ，「私たちの健康に欠かせないタンパク質を吸収しやすくするために，必要な条件は何か。」や「台風でなぎ倒された松の木を学校内の安全な場所に運びたい。できるだけ早く（なるべく小さな力で，仕事の効率をよく）移動させるにはどのような道具を使い，どのように運べばよいか。」など，自分の体のことや身の回りの生活で困っていることを基にした課題を設定した（詳細は pp.70〜77）。これらは，日常生活との関わりが強い課題ゆえに必要感を抱いて取り組むことにつながると考えられる。また，解決まで一定の距離を持つ課題だからこそ，試行錯誤する場面が生まれ，合意形成するに至るまで，他者と粘り強く課題と向き合う必要性が生まれる。そして，生徒の持つ些細な疑問に耳を傾けたり，生徒の知的好奇心をかき立てるような声かけをしたりして，課題の中から新たな課題（疑問）を生み出し，追究していく姿へとつなげていきたい。

（2）探究活動を通しての変容

　実験・観察を伴う授業では，意図的・計画的に「見通す」「振り返る」学習活動を取り入れている。課題に対し，仮説を立てたり，仮説を検証するための実験・観察方法を模索したり，そのためにどのような実験道具が必要で，どのような結果が得られそうかという「見通し」を持つことが理科の探究活動では欠かせない要素だからである。また，実験がうまくいかない場合や，目的に沿った実験ができているか定かではない場合に，自身で振り返らせることも大切であり，何が原因なのかを究明しようとすることで探究心が育まれると考える。自身の考えを発表したり，他者の発表を聞いて質疑をしたりすることを通して，課題が達成されたかを確認し合うことでも探究心を育むことにつながる。

　また，実験の結果を分析・解釈し，レポートに表現するまでの探究活動全体の振り返りを行うことは，自らの考えの変容や，自己調整を上手に行えたかを確かめることができると言える。特にレポートとしてまとめることは，知識が身に付いているかも確認でき，学びの深まりの実感を持たせることができる。探究活動の後半で振り返る活動をさせた後に，再実験するための実験計画を立てさせることも，実験の矛盾点や改善点に気付き修正していくことを通して，自らの変容に気付くことが期待できる。

（3）TPC の活用

　本校理科では，クラウド上にあるワークシートを生徒と教師で共有して課題のやり取りを行うなど，一人一台の TPC を利活用した授業を全学年で行っている。課題に対してすぐにフィードバックでき，また今まで蓄積した記録などをすぐに見られるのが利点である。実際の授業では，実験の様子や実験の結果を細かく記録させ，他の班の記録なども自由に見られるようにしており，共有を図りやすくしている。理想的な実験方法の紹介や，レポートの内容を自身のものと比較させることで，どのようなものがよいのかが明確になり，「もっとよりよいものにしていこう」という姿勢を高められる。

2　成果と課題

　学習者の実態に合った課題設定をすることは，探究型の授業では欠かせない要素である。生徒が「やってみたい」と思える動機付けがうまく働けば，探究活動をスムーズに始めることができる。授業を通して，活発に話し合っている様子や課題から新たな問いに直面している姿が多く見られたので，改めて課題設定の重要性を実感した。課題を設定する際には，学習したことがうまく生かせそうか，他の単元での学習内容との関係性を見いだせそうかなど，生徒の現状をしっかりと把握し，課題に対して生徒がどのようなことを考えそうか熟考を重ねることが不可欠であることが明らかになった。一方，実験計画を立案する上で見通しが甘く，その結果，何をしているのか分からなくなってしまっていたりする生徒への支援が課題として挙がった。今後も，生徒に対する適切なアドバイスと，今何に困っているのか，現状をしっかりと把握するための方策を常に考えた指導・支援のあり方を追究していきたい。

理科実践例①

1 単元を通じて実現を目指す「学びに向かう力」が高まっている生徒の姿

　実験方法を自ら考え，他者の意見を取り入れつつ，適切な条件制御がなされている方法を，根拠を基に練り上げる姿。

2 単元について

　『新解説』において，本単元は，「細胞レベルで見た生物の共通点と相違点に気付かせ，生物と細胞，植物と動物の体のつくりと働きについての規則性や関係性を見いだして理解させるとともに，それらの観察，実験などに関する技能を身に付けさせ，思考力，判断力，表現力等を育成すること」が，主なねらいとして述べられている。

　本単元の主課題である，「私たちの健康に欠かせないタンパク質を吸収しやすい状態に変化させるために，必要な条件は何か。実験を行って調べよう。」は，タンパク質の分解において温度，液性，消化酵素の有無という三つの要素がどのように関わり合うことが必要な条件を満たすのかを実験を通して導き出していく内容である。様々な対照実験を行ってきた経験を基に，条件制御を適切に施し，仮説を立証できる明確な根拠を得られるための実験方法を探究する素地を養いたい。また，複数の要素について考慮しながら分析や解釈を行うことが求められるような実社会の場面でも，粘り強く取り組んでいける態度の形成にもつなげたい。

3 「学びに向かう力」を育む指導と評価のポイント

（1）日常生活や実社会につながる課題設定

　本単元の主課題を提示する際，ヒトの体を構成しているほとんどのものがタンパク質からできており，タンパク質が欠乏することによって，様々な健康上のリスクが生じることを，PowerPoint を用いて視覚的に生徒に示す。これにより，生徒はタンパク質がヒトの体にとって重要なものであるということを実感し，一人一人が"自分事"として課題を把握することができる。身近な事象を課題として扱うことで，必要感をもって課題と進んで関わり，主体的に探究を進めていくことにつながることを期待したい。

（2）探究の過程を通じた学習活動をくり返し行う

　課題を把握し，仮説を立て，仮説を検証するための実験方法を立案し，実験を実施し，得られた結果を分析して解釈するという探究の過程を通じて，課題の解決をする学習を展開する。また，実験の結果を分析して解釈する段階では，自分の班の考察と，異なる仮説の基で実験を行った班の考察を総合して，課題に対する結論を導き出させる。自身の探究の過程を他者との比較を通して振り返らせることで，探究の過程において重要なことは何かを見いださせ，本課題のみならず，今後生徒が出会うであろう様々な課題に対して，粘り強く取り組み，解決していく態度の形成につなげたい。

4 授業の実際

　第２次では，まず，だ液がデンプンを分解して麦芽糖にする実験を行い，食物を消化する際には消化酵素と適温（ヒトの体温くらいの温度）が必要であるということを理解させた。また，対照実験を行い，仮説を検証するための実験の手法についても習得させた。実験の振り返りでは，だ液をガスバーナーで加熱したものと40℃のお湯で温めたものとを比

較し，「だ液に含まれるアミラーゼは，ヒトの体温くらいの温度で働く性質がある」という考察を導き出した。しかし，「加熱したものとヒトの体温くらいの温度で温めたものを比較したが，冷却したものについては行っていないため，『ヒトの体温』を条件とするのは，実験内容からして不十分である」という意見を発表する生徒がいた。主課題を解決するための実験方法を考える際に，温度についての条件制御を厳密に行おうとする班が多くなった契機となる発言であった。

　主課題への導入の際には，前時までに行ったデンプンの分解についての振り返りから，家庭科の学習内容とつなげて3大栄養素について知っていることを挙げさせた。その中でもタンパク質に着目させ，重要性を認識させた後に課題の提示を行った。

　はじめに，課題に対する仮説を立てさせた。その際，対照実験で変更する条件は何なのかを整理しやすくするために「○○な条件の下でタンパク質は，吸収しやすい状態に変化するのではないか」という定型文に，自分が考える条件を当てはめて考えさせた。デンプンを分解する実験を行ったこともあり，温度については多くの生徒が条件として挙げていた。胃に関する知識は，デンプンを分解する実験を行う以前に胃潰瘍などを話題にして取り上げており，ペプシンという消化酵素と胃酸と呼ばれる酸性の液体が胃液に含まれていることを学習の履歴から見返して，仮説に取り入れる生徒もいた。なお，主課題の探究においては，その過程を振り返り，課題について探究をしていく上で大切なことが何かを生徒に気付かせるため，仮説やその検証のための実験方法を他の班と共有して自分たちの考えを練り直すことはさせず，各班が考えた仮説とそれを検証するための実験方法をそのまま実施させた。

　実験では，タンパク質としてカツオ節を使用し，温度の高低や消化酵素の有無などを考えた実験方法に即して調節させ，カツオ節が分解されるかどうかを観察した。実験から得られた結果を基に，自分たちが考えた仮説が正しかったか否かを考察させた。その後，他の班と意見交流（**図1**）をする時間を取り，他の班の仮説，実験方法，結果及び考察と自分たちのものを総合して，タンパク質を吸収しやすい状態に変化させる条件についての結論を導き出させた。

図1　探究の過程を他の班に発表している姿

　また，探究の過程において大切なことを気付かせるため，レポートの項目に「今回の実験を振り返って，再実験に生かそうと思うこと」という項目を設けた。自分たちの班の探究の過程を振り返り，他の班と比較し，自分たちの探究の過程でよかったこと・改善すべきことを考えさせた。生徒の記述からは「仮説を常に意識して実験や考察を行う」「しっかりと実験の仮説を立て，見通しを持って実験を進められたため，結論付けるのに十分な結果が得られていたと思う」などの振り返りが見られた。

　今回取り上げた課題については，温度・液性・消化酵素の有無という三つの要素を制御する必要があったが，実際に探究を行わせると，条件制御が実験方法に反映できない，もしくは条件制御を考えていくうちに実験目的から外れてしまい，関係のない実験方法を行ってしまっているといった事象も見受けられた。今後も探究型の授業展開をくり返すことを通じて，課題解決の方法を生徒が習得できるようにしていきたい。

（神谷　紘祥）

[資料]　資質・能力育成のプロセス（18時間扱い）

次	時		評価規準	【　】内は評価方法 及び Cの生徒への手立て
1	1 ― 2	知	動物と植物の細胞の共通点と相違点を理解している。（○）	【ワークシートの記述の確認】 C：グループ内で，観察結果を共有させる。
		知	単細胞生物と多細胞生物の体のつくりや働きについて理解している。（○）	【ワークシートの記述の確認】 C：グループ内で，調べた内容を共有させる。
	3 ― 6	知	感覚器官と神経のつくりと働きについて理解している。（○）	【ワークシートの記述の確認】 C：グループ内で，調べた内容を共有させる。
		知	骨と筋肉の働きについて理解している。（○）	【ワークシートの記述の確認】 C：グループ内で，観察結果を共有させる。
2	7 ― 14	知	消化・吸収に関わる器官のつくりと働きについて理解している。（○）	【ワークシートの記述の確認】 C：PowerPointを振り返りつつ，調べたことの確認をさせる。
		思	実験目的に合わせて，適切な条件制御をした実験計画を立てられている。（○◎）	【発言の確認】【ワークシートの記述の分析】 C：実験目的を確認し，どうしたら目的とすることを明らかにできるかを確認させる。
		知	だ液に含まれる消化酵素がデンプンを糖に変える働きをすること，そのためには，適切な温度が必要であることを理解している。（◎）	【ワークシートの記述の分析】 C：実験結果を振り返らせ，消化酵素の働く条件を確認させる。
		態	問題意識を持って，課題を解決するために適切な実験方法を考えようとしている。（○）	【発言の確認】 C：課題と日常生活がつながるような声かけをし，問題意識を持たせられるようにする。
		思	実験目的に合わせて，適切な条件制御をした実験計画を立てている。（○◎）	【発言の確認】【レポートの記述の分析】 C：実験目的を確認し，どうしたら目的とすることを明らかにできるかを確認させる。
		思	自己の考えと他者の考えを比較したり関係付けたりして，適切な実験方法を導き出している。（○◎）	【発言の確認】【レポートの記述の分析】 C：グループ内で話し合った内容から，実験方法を決定した根拠を見つけさせる。
		知	胃液に含まれる消化酵素がタンパク質を分解する働きを持っていることを理解している。（○◎）	【発言の確認】【レポートの記述の分析】 C：既習事項を振り返らせる。
		態	実験結果を分析し，新たな課題を見いだそうとしている。（◎）	【レポートの記述の分析】 C：考察を振り返らせ，実験の内容が適切であったかを確認させる。
3	15 ― 18	知	呼吸系の働き，循環系の働き，排出の働きについて，理解している。（◎）	【ワークシートの記述の分析】 C：グループ内での発表内容を振り返らせる。
		態	自分の体内にある器官の働きを理解し，健康管理など自己の生活につなげようとしている。（○◎）	【発言の確認】【ワークシートの記述の分析】 C：グループ内での発表内容を振り返らせる。

主たる学習活動	指導上の留意点	時
・動物と植物の細胞をそれぞれ観察し，比較して共通点と相違点を考える。 ・単細胞生物と多細胞生物の体のつくりや働きについて調べ，まとめる。	・正しい顕微鏡の使い方ができているかを確認しながら，机間指導を行う。 ・多細胞生物の細胞には，役割によって大きさや働きが異なるものがあることを押さえさせる。	1 | 2
・感覚器官と神経のつくりと働きについて調べて，まとめ，グループ内で発表する。 ・骨と筋肉の働きについて，観察をしてまとめる。	・落下させた定規をつかむ実験や手を握る刺激を伝達する実験を通して，刺激と反応について理解させ，その伝達や運動に関わる感覚器官，神経，筋肉に着目させる。 ・鶏の手羽先を使って，筋肉と骨のつながりを観察し，実感を伴った理解をさせる。	3 | 6
・消化・吸収に関わる器官のつくりと働きについて調べてPowerPointでまとめ，グループ内で発表する。 ・だ液の働きを調べる実験を行う。 【課題】 私たちの健康に欠かせないタンパク質を吸収しやすくするために，必要な条件は何か。実験を行って調べよう。 ・個人で実験方法を考える。 ・グループで実験方法について話し合い，決定する。 ・他のグループに実験方法を説明し，必要に応じて修正する。 ・実験を実施し，結果をまとめる。 ・実験結果を分析，解釈し，考察をまとめる。 ・必要に応じて実験方法を再検討し，再実験を行う。	・「骨や筋肉をつくる基となるものは何か」という問いから，食物の消化・吸収に着目させる。 ・胃潰瘍の話に触れ，胃の中に酸性の液体があるという意識を持たせる。 ・「だ液を入れた試験管と，水を入れた試験管を用意したのはなぜか」など，対照実験について復習できるような問いかけをする。 ・課題解決の見通しを持たせるために，個人で考えることを重視して時間を多く確保する。 ・個人で考えた実験方法について，その根拠をこれまで学習した言葉で説明できるようにさせる。 ・自分個人で考えたものと，新たな気付きがあった他者からの意見を分けて記述させる。 ・実験を振り返ったときに映像として思い出せるようにするため，TPCを使って実験の様子を写真に残させる。	7 | 14
・呼吸の働きについて観察を通して理解する。 ・循環器系の器官の仕組みを調べ，まとめる。 ・排出の仕組みについて調べ，まとめる。	・肺のモデルを動かして観察を行い，呼吸の仕組みを理解させる。 ・いくつかのテーマを設定し，調べていく中で心臓や血液に関わる知識を習得させる。 ・腎臓の働きについてまとめさせる。	15 | 18

理科実践例②

1 単元を通じて実現を目指す「学びに向かう力」が高まっている生徒の姿

　日常生活と関連した課題に対し，実験で得られた仕事の原理，仕事率の計算法を使い，科学的概念を用いて，グループで対話的・協働的に課題解決に取り組む姿。また実験方法を模索し，他者の意見を取り入れながら，課題に対して適切な方法を根拠とともに練り上げる姿。

2 単元について

　運動とエネルギーに関する事物，現象は身の回りで多く見られ，いろいろな場面で我々は恩恵を受けている。一方で，あまりに身近なもの過ぎて，現象に気付かなかったり感じなかったりすることが多い。しかし，その当たり前の中にこそ，学習を経て気付いたときの大きな驚きや，科学の有用性を感じられる瞬間が潜んでいると言えるだろう。

　道具を使った仕事に関しては「こんなに大きなもの，どうやって動かすのだろう」という疑問から「台風でなぎ倒されたヒマラヤスギを学校内の安全な場所に運びたい。できるだけ早く（なるべく小さな力で，仕事の効率をよく）移動させるには，どのような道具を使い，どのようにして運べばよいか，運搬計画を立案しよう。」という課題を設けた。実際に起こったことを課題として設定したり，また生徒のアイディアを引き出すような授業を展開したりすることで，学習したことが日常生活に生きていることの実感を促したい。

　本単元に限らず，実験などでは話し合い活動や他者への発表を通し，多様な考えを引き出し合う授業を行ってきた。梃子や滑車といった道具をなぜ使う必要があるのか，またどういう仕組みになっているのかを，班活動を通して丁寧に確認させたい。

3 「学びに向かう力」を育む指導と評価のポイント

（1）実生活につながり，学びが生きていると実感できる課題設定

　実際に身近に起こりうる事象で，先人の知恵や現代の科学技術のすごさを味わうことができそうなものを課題として設定することで，学んできたことの価値が実感できるように工夫した。また課題を設定する中で，ヒマラヤスギの重さや形状は設定したが，運ぶ場所や使う道具，人数は自由に考えられるようにした。自由な発想とともに，現実的な選択ができるように幅を持たせることにより，他者と粘り強く課題と向き合わせたい。

（2）実社会を想定した探究活動の充実

　これまでは課題に対しての自分の考えや，考えを確かめる手順，そしてどのような結果になりそうかを考えさせて実験を行ってきた。本課題では「運搬計画書＆報告書」を作成することで，実際に工事するとどうなるかを具体的にイメージさせられるようにした。工事現場などで従事する人がどのように運搬手段を考え，実践しているのかを考えさせることで，実験計画に対しての見通しを明確に持たせたい。そのために，計画書の内容を他者と比較し，再検討したり，模型を使いシミュレーションを繰り返したりすることにより，自己を調整する場面を多く持たせられるように工夫した。また報告書を用いて工事全体を振り返り，再び同じ工事を受注するにはどのような工夫や改善が必要かを分析・検証させることで，課題に対する適切な方法を根拠とともに練り上げさせたい。

4 授業の実際

　ある日，台風の影響で倒れたヒマラヤスギの話を生徒としていたときに，どのようにして運び出すのかが話題になった。第2次では，その話を基にして，課題の設定を行った。「機械で簡単に運べるのではないか」「機械はどのような仕組みで，あんなに重いものを持ち上げているのだろうか」「そもそも倒れたヒマラヤスギはどれくらいの重さがあるのか」など運搬方法を考えていく中で疑問がたくさん出てきた。個人で考えたものを班で共有する場面では，試行錯誤する課題ゆえに，お互いが納得する計画に至るまで時間がかかっている班もあったが，粘り強く課題に向き合う姿勢が見られた。どこで道具を使うか，どのタイミングで使うかなどの条件を明確にして数値で算出している班もあれば，一方で道具を使うときと使わないときでどう違うのか比較できていない班や，現実的に可能なのか疑わしい班もあった。仕事を具体的な数値で出せなければ再現ができず，実現不可能という結論になることや，その値に妥当性があるかどうかも比較対象がなければ判断できないことから，実際に実現が可能なのか計画書を見直す場面を設定し，数値として出せるかを考えるように促した。

　次に模型などを使いシミュレーションして，自分たちが考えた案を実験した。すると，イメージしていたものと違い，滑車が幅をとりすぎることで，運搬自体に支障をきたしたり，摩擦力を考慮しなければならなかったり，計画案通りに実行するには再考が必要な場面が見られた。班の中の話し合いを通し，「前に行った滑車の実験の結果を考えて再検討してみよう」「簡単なモデルでやり，計算値と実測値を出した後に自分たちの考えたモデルをやってみよう」など，今までの学習を生かして取り組んでいる場面が見られた。実験で行ったことなどを含めて，報告書にまとめさせ，その後発表と質疑応答を行っ

た。「滑車で屋上に運ぶ必要性はあるのか」「効率はよいが安全に行えるのか」など現実的な質問が多かった。新たな条件に安全性を挙げ，計画書を見直す班もあり，他者からの考えを取り入れて再考する場面が見られた。まとめとして改めて報告書を作成し，同じような工事を請け負った場合の改善案も考えさせた。「力だけでなく距離にも注目しないと仕事の値が大きく変わるので運搬経路の見直しの必要性がある」「道具を複雑にしすぎたことにより実用的な部分とかけ離れてしまったことを再検討しないといけない」などが挙がり，より根拠に基づいた思考が形成されていた。

　模型を使ったシミュレーションの実験（**図1**）をすることで，実現させるためのイメージをより具体化することができた。実験計画を丁寧に繰り返し練る場面を通して，生徒の大きな思考の変容が見られた。一方で「その場が一番安全だからそんなに動かさないようにしよう」や，「燃やせばよいのではないか」など，本単元との関わりを考えずに課題を達成しようと試みている班もあった。学習したことをどう生かしていくのかを，生徒の実態に合わせた足場かけのために，「見本」を教師が示す必要性を感じた。

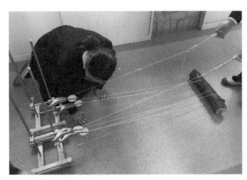

図1　模型を使って実験を行っている様子

　今後も生徒とともに探究していく楽しさを分かち合っていき，本単元を通して学んだ探究の過程をあらゆる場面で生かせるように支援していきたい。　　　　　　（中畑　伸浩）

次	時	評価規準	【　】内は評価方法 及び Cの生徒への手立て
1	1 ｜ 3	態　道具を使って力を小さくした場合，仕事の大きさはどうなるかを考えようとしている。（○）	【発言の確認】 C：日常生活に関連した具体的な現象を連想させる。
		思　実験結果から道具を使った場合でも使わなかった場合でも，仕事の原理が成り立っていることに気付くことができる。（○）	【ワークシートの記述の確認】 C：実験結果を振り返らせ，結果から分かることを確認させる。
		知　道具を使って力を小さくしても仕事は変化しないことを説明できる。（○◎）	【発言の確認】【ワークシートの記述の分析】 C：実験結果を振り返らせ，論理的な説明になっているか推敲させる。
	4	思　引っ越し業者の例から，計算により能率を比較することができる。（◎）	【ワークシートの記述の分析】 C：仕事率の計算の仕方を資料集や教科書で確認させる。
2	5 ｜ 7	思　課題を解決する方法を説明でき，他の人からの意見を踏まえて自分の考えをよりよいものに改善している。（○◎）	【発言の確認】【ワークシートの記述の分析】 C：課題が何だったのかを確認させ，運搬計画書を振り返らせる。
		知　模型を使って行ったシミュレーションの結果から，最も効率のよい方法を計算で求めることができる。（○◎）	【発言の確認】【ワークシートの記述の分析】 C：前時のワークシートを確認させ，仕事，仕事率の値を求めるためには何が必要か確認させる。
		態　課題①以降に学んだことを生かして，課題②について自ら進んで考えようとしている。（○◎）	【行動の確認】【ワークシートの記述の分析】 C：既習事項を振り返らせ，実現可能かどうかを考えさせたり，計算方法を確認させたりする。

○は主に「指導に生かすための評価」，◎は主に「記録するための評価」

主たる学習活動	指導上の留意点	時
【課題①】 修学旅行で行った京都の清水寺，奈良の東大寺大仏殿など木造建築物の材料（木材）はどうやって運んできたのだろう。 ・身の回りで使われているものを参考に，道具を使用すると仕事の大きさはどうなるか考える。 ・定滑車と動滑車を使って，物体を同じ高さまで持ち上げるのに必要な力の大きさと仕事の大きさ，物体を引く距離との関係を調べる実験を行う。 ・道具を使った場合と使わなかった場合とで，どちらも仕事の大きさは同じであるという仕事の原理が成り立っているかを考える。 ・輪軸，梃子の仕組みを理解する。	・現段階で知っていること，経験していることから解答するように伝える。 ・できるだけ機械などではなく，建築当時にどうやって運んでいたかを考えさせる。 ・当時の運搬方法の一つを例として挙げる。 ・結果をグラフや表にまとめ，分析，解釈させる。 ・学習したことが，日常生活に生かされていることを確認させる。	1 ｜ 3
・引っ越し業者の比較から仕事率について考える。 ・電気器具などを使って，仕事率の比較を行い，仕事率の意味を理解する。	・第2学年で学んだ電力との関連を考えさせる。 ・解決に必要な情報が何かを整理させたり，図を用いて考えさせたりして，順序立てて考えていく方法を意識させる。	4
【課題②】 台風でなぎ倒されたヒマラヤスギを学校内の安全な場所に運びたい。できるだけ早く（なるべく小さな力で，仕事の効率をよく）移動させるには，どのような道具を使い，どのように運べばよいか。 ・個人で考えた案をワークシートに書き，グループ内で話し合い，最も適当であると判断される案を挙げ，他のグループに説明する。 ・運搬計画書にまとめ，用意された模型や校舎の地図を使ってシミュレーションを繰り返し行い，改善点を挙げる。 ・報告書に実験の結果をまとめ，よりよい改善策を考える。 ・改善点を踏まえて，改めて自分の考えを論述する。	 ・自分のグループとの考えの共通点や相違点を見いださせる。また，課題①で考えたものを参考にさせる。 ・模型や校舎の地図を基に，どれくらいの仕事量になるかを，値として求められるか計算させる。また，計算値と実験値を比較させ，妥当かどうかを検討させる。 ・実現可能かどうかを説明する際に，科学的根拠を基に考えられているかを確認させる。	5 ｜ 7

理科 実践例 ⫿⫿⫿⫿⫿ 77

音楽科

実践例①

1　音楽科が考える「学びに向かう力」を育む指導と評価のポイント

　『新学習指導要領』では，目標の一つに「音楽活動の楽しさを体験することを通して，音楽を愛好する心情を育むとともに，音楽に対する感性を豊かにし，音楽に親しんでいく態度を養い，豊かな情操を培う」ことが挙げられている。生徒自身がその学習活動に意味や課題を見いだし，試行錯誤していく中で新たな気付きや発見と出会い，さらにそれが繰り返されていくことや，「この学びによって，こんなことができるようになる」という目標に向けて，見通しを持って音楽活動に取り組んでいくことは，「学びに向かう力」を育み高めることにつながる。本校では音楽科の本質を「豊かな感性や豊かな情操を培うこと」「表現活動や鑑賞活動を通して音楽の楽しさを味わい，生活を豊かにすること」「様々な音楽と出会い，その特徴や多様性を理解して，価値付けていくこと」と捉えており（『附属横浜中』(2019))，上記の目標を達成するには，まさに音楽的な見方・考え方を働かせる学習活動の充実を目指し，教科の本質に迫る授業展開が重要であると考える。

（1）「音楽的な見方・考え方」を働かせる学習活動の充実

　昨年度の研究で，「見方・考え方」を働かせる場面を意図して設定していくために，以下のような３点で「見方・考え方」を整理した。①題材の中で「深い学び」へと導いていくためには，「見方・考え方」を働かせる場面の設定が複数回必要である。②「音楽的な見方・考え方」は，従来の「知覚・感受」を継承し，発展させた視点である。③「見方・考え方」は自分自身の生活や社会，文化などと結び付け「我がこと」として捉えていく視点である（佐塚，2019)。このことを踏まえ，様々な授業において仕掛けを施していくときに，まず重要なのは「おもしろそうだな」「やってみようかな」と生徒に思わせる教材の精選と，出会わせ方や課題の工夫だと考える。そして，自己のイメージを表出したり，仲間の意見を聴いたり，さらには合意形成を図っていく，音や音楽を介しての言語活動の充実を図る場面設定も大事である。いかに生徒同士の対話，生徒と対象世界との対話になっているかを大切にし，そのために教師は，ファシリテーターとして生徒自身が我がこととなるように促していく。様々な対話の中で根拠を伝えることを大事にすることで，音楽を形づくっている要素とその働きと感性を結び付けていく力を高めていき，他者の価値観や感性に触れることで，新たなる見解や視点を持つきっかけとなっていくと考える。

　例えば，１年生で行うヴィヴァルディ作曲『春』の鑑賞では，楽曲の特徴を根拠にオリジナルソネットづくりを学習の導入として取り入れた。題名も知らない状態で，「オリジナルを根拠を持って創り上げる」という課題は，生徒が我がこととして「特徴からイメージする」「捉えた特徴や自分のイメージを，言葉にする」活動に取り組むきっかけとなった。また仲間との意見交換をする中で，多様な考え方や感じ方を知り，イメージ（感受）と「何でそう感じたのか（知覚）」を結び付ける活動を通して「深く聴く」ことを大切にしていった。最終的に，本来のソネットを音楽がどう表現しているのかに着目し実感を伴って感じ取ることにつながっていった。

音楽科の学習課題は常にオープンエンドなものばかりである。「おもしろい」や「やったらできた」の積み重ねから「こうしてみたい」という思いが生まれ，その実現に向けて知識や技能を習得したり，思考力，判断力，表現力等を身に付けたりしようと取り組む中で，粘り強さが培われていくと考える。そして，それらを生み出す授業の核となるのは「ねらいの明確化」である。限られた時数の中で，ついあれもこれもと盛り込みたくなるが，ねらいを明確化・焦点化することで，生徒は音楽というオープンエンドなものに対し，「何ができるようになればよいのか」のゴールへの見通しが持ちやすくなる。そして，振り返りの際の自己の変容や課題の発見にも気付きやすくなると考える。

（2）「見通す」「振り返る」活動と学習評価の充実

全体または個々の目標に対し，毎時間の振り返りを実施している。個々の変容やつまずきを確認し，試行錯誤がなされ，具体的な次への手立てが考えられている記述には線を引いたり，考えの方向性が間違っていたりズレてしまっている記述には，それに気付けるようなコメントを記入している。よい内容については，授業の最初に前時の振り返りとともに例として伝えていくことで，当該生徒の自信につながったり，言語としての表出の仕方を学んだり，自分の書き方を振り返ったりしている様子が見られた。また，振り返りを実施することは，つまずいている様子の生徒に声をかけたり，本時の生徒の到達度や理解度を把握し次時の指導計画の改善へとつなげたりしていく材料にもなる。どの題材においても，題材のまとめでは，身に付けた力や他とのつながりについて考え，学びのまとめを行わせることで，題材を通しての思考の変容や身に付けたことを生徒がメタ化できるよう工夫している。また表現領域では，題材を一括りとした授業内の取組の中で，一人一人の歌声や音色を実際に聴く場面を設定することで，課題の明確化や達成感へとつなげられるようにしている。

総括的評価を行う前の，形成的評価の積み重ねが何よりも大事であり，そのためには，前述した「ねらいの明確化」が重要である。ワークシートなどは，個々の課題や思考の変容を記録しメタ化していくために有効であるが，それを授業者として評価するためには，ねらいを明確化すること，よく生徒を観察すること，この2点が大切であると考える。

2 実践の成果と今後への課題

見通しや振り返りを様々な形で行わせることで，生徒はより適切に対象世界と向き合い，学びを深めることができていた。また，教師は授業を展開する上で毎時間の振り返りの見取りとフィードバックを深めたことで，思考や表現の深まりにつながった生徒の様子が一層明確に見取れた。授業改善の視点としても，学習評価の活用は大切である。その上で，学年ごとの成長過程や習熟度を把握するとともに，目指す生徒の姿をしっかりと描いておくことが大事だと感じた。今後もねらいの明確化や課題の工夫，見取りの妥当性を追究していきたい。

●参考・引用文献

佐塚繭子（2019）「『音楽的な見方・考え方』を働かせる授業の工夫」，音楽鑑賞教育 Vol.36　pp.20-23

音楽科実践例①

1 題材を通じて実現を目指す「学びに向かう力」が高まっている生徒の姿

ハーモニーの美しさを大切にし，楽譜にある音楽記号を根拠にしながら曲をつくり上げていくとともに，道徳や修学旅行での平和学習を生かして曲の解釈を互いに伝え合い深めながら，より豊かな合唱表現を目指していこうとする姿。

2 題材について

カンタータ「土の歌」より《大地讃頌》（作詞：大木惇夫　作曲：佐藤　眞）を教材とし，これまでの経験（知識）を生かしながら，楽譜を根拠に自分たちの表現に迫っていく。また，ハーモニーの美しさ，大切さを味わわせていきたい。そして，行事やその学習と関わらせ，実感を持った思いを表現に結び付けていくことをねらいとしている。

本校では，修学旅行で広島を訪れ，平和学習を行っている。道徳でも国際理解・国際貢献のテーマでは戦争や原爆について考え，カンタータ「土の歌」にも触れている。これらと関わりを持たせながら，実感したこと，肌で感じ考えたことを生かし，「我がこと」として合唱曲への思いを持たせていくことを目指す。カンタータ「土の歌」を学習した後には，クラスごとに「○○な《大地讃頌》を表現する」というテーマを設定し，イメージを共有し，自分たちの表現を深めさせたいと考える。そして，最終的な振り返りでは，学習を通して身に付いた力や，生活や他の学習とのつながりを考えさせていきたい。

3 「学びに向かう力」を育む指導と評価のポイント

（1）3年計画のベースづくり

4分野をスパイラルに学習する中で，前の学習で身に付けたことを，次の学習でより発展的に使えるようにし，自己の変容に気付けるようにしていくことが大切であると考える。特に合唱では，パート練習の組み立て方と，深く聴くことのできる耳を育てていくことが肝心である。各学年のゴール地点を明確にすることで，ステップアップを自覚できるように意識している。

（2）実感を伴って感じ取れる課題の工夫

「こうしたい」という思いを表現の中で変化させていくには，変化させられるだけの技能が必要となってくる。今回の題材では，その変化が分かるように，前半では歌い出しの1音を使用してのハーモニーづくりを課題とすることで，パートの役割の確認，響きのある発声，聴く耳を育てることをねらいとした。後半は，楽譜から表面的に見て取れる音楽記号の工夫に留まらず，「このpはどのようなピアノか」など，表現を深めることを課題とした。また，ここで道徳の授業や修学旅行での平和学習と関わらせ，曲に込められた思いが，実感の持てるものになることを意識した。

（3）「見通す」「振り返る」学習活動

パートや個人で毎時間振り返りを行うことは，現状をメタ化し，次の課題を見つけるだけでなく，気付きの視点を増やす上でも重要であり，教師が指導の手立てをつかむ上でも大切である。そのためには，客観的に聴いて批評する活動が不可欠であり，深く聴くことで知覚と感受の結び付きを認識したり，より深い表現を追求したりする姿につながると考える。この振り返りを，これまでの知識や技能を用いて，思いや意図を表現するために試行錯誤する姿や，具現化するために粘り強く取り組む姿につなげていけるよう意識した。

4 授業の実際

第1次では，改めて《大地讃頌》の範唱を鑑賞し，曲の印象や聴きどころと，どのようなことを大切に歌いたいかについての意見を出し合い，クラスでまとめた。学習が深まっていく中で，感じ方・考え方の変容があれば，それを大切にしていく旨を伝え，あえて楽曲説明は行わずに取り組んだ。また，これまでの学習を基にした「曲をよりよくしていくための視点」を，深く聴くことの大切さやパートごとの活動に生かせるよう確認させた。

また，その後のワークシートには，常にクラスごとの板書写真を掲載し，振り返りの際に活用できるようにした（図1）。

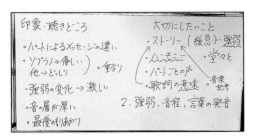

図1 第1時の意見をまとめた板書

第2次のスタートとなる第4時では，道徳の授業で感じたことや考えたことを基に，道徳の授業で用いたワークシートを使用しながら，これまでの感じ方からの変容を共有していった（図2）。曲の本質や合唱の活動に迫っていくための「終曲としての《大地讃頌》が訴えていることは」といった問いに対しては，「子孫に対して，いかに土を自分たちの手で守り続けることが大切か伝えようとしている」「戦争で何もかもがぼろぼろになった所に，大地の希望の光が人類に与えられたような曲」といった意見が多く出された。また，「曲の本質に迫る歌を歌うためには」という問いには，「土と人間は切っても切り離せない強い力でくっついていて，その中に苦しみや悲しみを含むことを理解した上で歌う」や「大地に対する感謝や尊敬といった思

いを持って，戦後の人々がそれにどれだけ救われて生きる喜びを見つけられたかという情景を連想して歌う」などの声が多く挙がり，思いの深まっている様子がうかがえた。

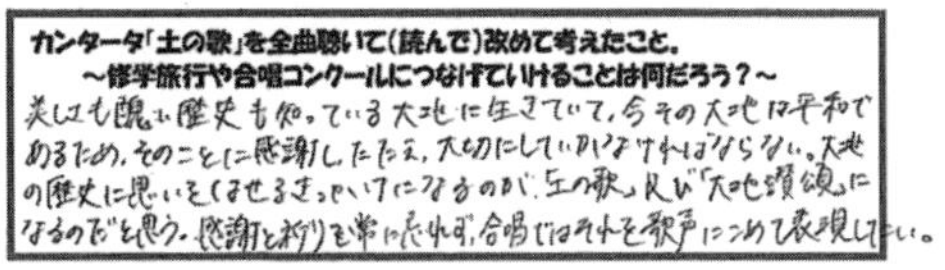

図2 生徒の記述

そこからクラスごとの《大地讃頌》のテーマ（A組「質量のある」，B組「大地への感謝と未来への希望をのせた」，C組「過去から未来へつなげる」）を設定し，それを合唱で表現するための工夫を，歌い比べながら，イメージと表現がマッチしているものを考えていった。「平和な大地を　静かな大地を」の部分だけでも，A組は「穏やかさを出すために語りかけるように。"静かな〜"は守るという決意も込めて。」と，強弱だけではなく発音に着目し，B組は「平和で穏やかになった様子。次に向かっての明るさが欲しい。」と，「静かな〜」と大きくは変化を付けない表現を選び，C組は「"静かな〜"には戦争で人がいなくなったそういう面もあるのでは」と，ppの表現にこだわる様子が見られた。

修学旅行後は，よりわき上がったそれぞれの平和や戦争への思いを，意識的につなげて考えることで，さらに曲への思いや意図を深めていった。そして第1次で得た知識や技能を，試行錯誤しながら表現へと結び付けていく姿を多く見取ることができた。

今後は，より一層「我がこと」として捉えられるように，学年段階を踏んだ，生徒主体の展開のあり方を追求していきたい。そして，音や音楽を介しての活動と，知識を身に付けるための学習や言語活動とのバランスを鑑みた授業づくりを，さらに探っていきたい。

（佐塚　繭子）

[資料]　資質・能力育成のプロセス（6時間扱い）

次	時		評価規準	【　】内は評価方法 及び Cの生徒への手立て
1	1 ｜ 3	知	曲想と音楽の構造やパートの役割，また歌詞の内容について理解している。（○）	【発言の確認】【ワークシートの記述の確認】 C：基本的な音楽用語や部分ごとのパートの役割を楽譜に書き込ませるなどして確認させる。
		態	音楽活動を楽しみながら課題を見つけたり改善したりしていく歌唱活動に，主体的・協働的に取り組もうとしている。（○）	【行動の観察】【ワークシートの記述の確認】 C：粘り強く取り組むよう声をかける。また，困ったり悩んだりしていることに関して言語化させ，課題を明確にさせていく。
		思	曲の特徴を感じ取り，楽譜を根拠に，歌唱表現に関わる知識や技能を得たり生かしたりしながら，歌唱表現をよくするための課題を発見したり改善したりしている。（○◎）	【発言の確認】【ワークシートの記述の分析】 C：全体の意見共有で挙がった内容などから，自分に当てはまることや，同じように感じたことはないかなどを助言し，ワークシートへの記入を促す。
2	4 ｜ 5	知	曲想と音楽の構造や歌詞の内容及び曲の背景との関わりについて理解している。（○）	【話し合いの内容の確認】 C：発言が，曲想や歌詞の内容のどこを根拠にしているのか，自分はどのように解釈したのかなどを，確認しながら進めるように促す。
		思	楽譜を根拠に，歌唱表現に関わる知識や技能を生かしながら，感じ取ったことを生かし，歌唱表現をよりよくしようと創意工夫している。（◎）	【ワークシートの記述の分析】 C：平和学習を通して感じたことと，曲の内容を結び付けていく助言をする。周りの意見を参考に，自分の考えを言葉にするよう促す。
		技	創意工夫を生かし，全体の響きや各声部の声などを聴きながら他者と合わせて歌う技能を身に付けている。（◎）	【演奏聴取】 C：課題を明確化し，具体的な練習方法や手立てを考えさせる。
	6	態	振り返りの視点を意識しながら，客観的に自分を見つめ直し，身に付けたい力が身に付いたかを振り返ったり，合唱やこの曲を自分自身や生活と結び付けて考えたりしようとしている。（○◎）	【行動の観察】【振り返りの記述の分析】 C：ワークシートなどを見ながら，自分の考えが深まったり，歌えるようになったりしたのが，どの段階だったのかや，何がきっかけだったかなど，具体的に考えられるよう助言する。

○は主に「指導に生かすための評価」，◎は主に「記録するための評価」

主たる学習活動	指導上の留意点	時
・合唱曲《大地讃頌》を鑑賞する。 ・（現段階での）曲の印象や感想を発表する。 ・どんな風に歌いたいかについて自分の考えをまとめ，仲間と共有する。 ・この曲をよりよくしていくために気を付けるポイント（大切にしたい表現の視点）をまとめる。 ・自分たちの目標（課題）を設定する。 ・姿勢や声の響きを確認しながら，発声を行う。 ・パートごとに意見を出し合いながら歌唱活動を行う。 ・合唱隊形でパートごとに出だしの音を確認し，2声から徐々に合わせて，ハーモニーの確認をしていく。 ・合唱をした後，演奏を振り返る。 ・次回（またはこの後の活動）の目標を考えて発表し，パートを越えて共有する。	・見通しが持て，各回の変容が記録できるワークシートを用いる。 ・クラスごとに，曲に対しての意見や思いと，表現の視点を可視化し，今後の授業に教材としてつなげていく。 ・声の響きを大切にさせる。 ・パートでの歌唱活動の際に，部分ごとのパートの役割（主旋律・副旋律・助奏）を意識付けしていく。 ・出だしの音で，正しい音程で音が合わさったときの美しさや心地よさ，それを聴き取っていく耳の力の大切さを実感させる。	1 — 3
【課題】歴史や詞の内容及び背景から曲の解釈を深め，楽譜を根拠に，自分たちの思いを伝えられる《大地讃頌》を表現しよう。 ・道徳の授業や修学旅行の学習を振り返るとともに，カンタータ「土の歌」について学習する。 ・この《大地讃頌》に込められた意味やメッセージについて考え，意見を共有する。 ・どんな《大地讃頌》を表現したいか，クラスで話し合い共有する。 ・思いを表すために，どう歌いたいのか，そのための具体的な方法は何かを考え，課題設定をする。 ・各パートや合唱で，課題に向けての練習を行う。 ・適宜TPCを用いるなどし，自分たちの合唱について振り返り批評する。 ・成果をまとめ，次の課題設定をする。	・カンタータ「土の歌」を学んだり，原爆ドームを見学したりしたことで，最初に感じた曲の印象から変化したり，より具体的にわき出たりした思いを，大切にさせていく。 ・道徳や修学旅行で学んだことと結び付けて，曲へのアプローチの仕方を深めていけるように促す。 ・思いだけで楽譜からかけ離れるのではなく，楽譜を根拠に考えていくことを声かけしていく。 ・知覚と感受の結び付き，音楽を形づくっている要素とそれらが生み出す働きについて，納得や疑問を持たせていく。 ・イメージと実際の合唱が結び付いているか，的確に評価できるように聴取活動を大切にし，実感を持たせる。	4 — 5
〜合唱コンクール後〜 ・自分たちの合唱について振り返る。 ・合唱の活動を通して，どのような力が身に付いたか，どのようなことにつなげていけるか，また生活や自分との関わりについて考える。	・表現したかったことがどのように実際に聴こえていたのかや，これまでの取組や思考の変容をまとめ，成果や反省につなげる。 ・自分と合唱との関わりやこれからの生活，未来へのつながりについて着目し，振り返らせる。	6

美術科

1　美術科が考える「学びに向かう力」を育む指導と評価のポイント

『新学習指導要領』では，目標の一つに「美術の創造活動の喜びを味わい，美術を愛好する心情を育み，感性を豊かにし，心豊かな生活を創造していく態度を養い，豊かな情操を培う」ことが挙げられている。本校では美術科の本質を「豊かな感性と情操を培い，美術や美術文化と豊かに関わる資質や能力を育成すること」であると捉えている。また,本校美術科では横浜国立大学の小池研二教授とともに，国際バカロレア中等教育プログラムを基にした探究的な学習を研究しており，現在は特に汎用的なスキルについて研究をしている。今年度は，ある一定の答えがない問いに対して，造形的な見方・考え方を働かせながら，粘り強く思考・判断・表現を重ね，自らの表現や鑑賞の質を高めていこうとする姿を目指して以下の取組を行った。

（1）「学びに向かう力」を育む指導の工夫

①「学習シート」と「制作計画書」

自己の学習を見通したり振り返ったりする中で，自分の学びや成長を自覚することは「学びに向かう力」を高めることにつながると考え，「学習シート」と「制作計画書」を取り入れた。

「学習シート」（**図1**）は題材ごとの授業の流れと美術科として意識してほしいポイントと，国際バカロレア中等教育プログラムの ATL スキル（approaches to learning）に基づいて，生徒に分かりやすいように少し表現を変えた汎用的なスキルと，思考ボード（『附属横浜中』（2016），p.88）に書いた付箋をまとめ，思考を整理したものを見開きで見られるようにした。こうすることで，題材全体を見渡し，自分の気付きや考えの変容などを振り返りながら，次の活動の見通しを持てるようになると考えたからである。

「制作計画書」（**図2**）は，制作の時程とおおまかな学習の流れが示してあり，アイディアスケッチやコンセプトを見ながら，自分が表現したいものを実現するための道順を自ら書き込むものである。思考を「見える化」させることで，生徒が自分の目標としているところとどれくらいの距離があるのか，課題は何か，それを解決するためにはどのようにしていけばよいかなど，自己の学習を見通し，振り返り，調整する一助になるのではないかと考えた。このように「見える化」することにより，他者とも思考を共有することができ，互いにアドバイスしやすくなるという利点もある。

②学びや気付きを振り返り，自覚できる時間をつくる

題材の最後には，国際バカロレア中等教育プログラムの探究的な問いの一つである「議論的な問い」を用意し，この題材の中で取り上げている重要な概念や問題を多角的なものの見方で探究し，他の人と共有する時間を設け，自分としての意味や価値をつくりだしていけるようにしている。

今年度はさらに，こうした探究的な学びに必要となる「セルフマネジメント」などの汎用的なスキルの自覚化に取り組んだ。汎用的なスキルは，生徒が活動の中で無自覚に使っていることが

多い。しかし，こうしたスキルを自在に使えるようになるためには，意識し，学びを自覚化することが不可欠である。美術科の探究的な学びの中で，汎用的なスキルについても意識を向けさせ，振り返りを通して学びや変容を生徒の中に顕在化させていくことで，他の教科や課題を解決していくときに活用できるようにしていきたい。

（2）自己評価と相互評価について

　学習活動として自己評価や相互評価をすることで，自分の変容を感じ取り，他者の考えや価値観に触れて自分の考えや価値観を再構築することができると考える。そのために教師は，振り返るポイントとして題材の目標を鑑みたり，評価の視点を示したり，これに基づいてフィードバックを行ったりする必要がある。そうすることで生徒は目標に沿って自己を振り返り，考えの深まりや自己の変容を実感し，次につなげる意欲が高まると考える。

　その実現には，教師が生徒の主題に寄り添い，アドバイスをし，励ましていくことが大切である。また，仲間と相談できる場をつくり，他者の考えや価値観に触れながら，安心してよりよいものを目指せるような環境づくりを行うことも大切である。

2　成果と課題

　「学習シート」は見通しを持つのに効果的である。また，美術科の学習と汎用的なスキルについての振り返りを分けて行うことで，生徒は自己の学びを自覚しつつ，それらを他教科や生活の中など，様々な場面でも意識して活用しようとする様子がうかがえた。

　「制作計画書」は，自分の思考が「見える化」され，他者との共有が可能になる。それとともに，教師にとっても，制作のはじめや途中で制作計画書を見て，題材の目標に沿ってアドバイスすることができる。生徒は他者や教師からのアドバイスを基に，制作の見通しや作品の主題についても再考し，考えを深めることができていた。

　自己評価や相互評価は，評価する視点を教師と生徒で共有することが重要であり，それにより生徒は振り返りと見通しを的確に繰り返すことができるようになり，次の活動への意欲を高めることにつながりやすくなることが分かった。

　さらに，美術科の学習と汎用的なスキルの関係を自覚させることは，美術の授業以外の場面でも課題に挑戦するときに役立つと考えられる。しかし，汎用的なスキルは探究的な学びの中で生徒が無自覚に使っているため，教師は授業の中で活用される汎用的なスキルを限定しないように考慮して，生徒を見守っていく必要がある。

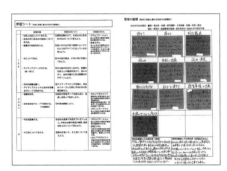 

図1　学習シート　　　　　図2　制作計画書

美術科実践例①

1 題材を通じて実現を目指す「学びに向かう力」が高まっている生徒の姿

木の美しさを感じながら機能と美しさの調和を考えて箸置きをデザインし，自分のイメージを実現するために見通しを持ち，試行錯誤しながら表現活動に取り組もうとする姿。

2 題材について

本題材では，流行や価格に流されず，美しいものやよいものを自分の基準で選べるような価値意識を広げるために木工芸を扱う。昔から生活の中で愛されてきた木工芸について表現や鑑賞を通して学ばせ，その中で木の手触りや色合い，木目の美しさや，木が感情にもたらす効果，手作りの素朴なものの魅力について考えさせたい。

箸置きは，使う者や場，機能と美しさが調和しているデザインについて考えを深め，生活の中の美術の役割について考えさせるのに適していると考える。

小学生のときに何らかの木の作品を制作した経験がある生徒は多い。しかしながら，様々な種類の木の手触りやにおい，色や木目などについてまだ学ぶ部分はあると感じる。本題材では数種類の木を用意し，それぞれの木のよさを理解しながら，自分の表現の意図に合うものを選び制作させることで，木という材料についての理解を深め，木工芸の魅力を感じさせたい。

本校の生徒は表現の構想を練る際や，表現の意図に合うように表現方法を追求するときなど，粘り強い取組が見られる一方，制作の進め方について学習を調整しようとする面は弱いように感じる。見通しと振り返りを「見える化」させ，学習を調整する力を高めていきたい。

3 「学びに向かう力」を育む指導と評価のポイント

（1）見通しと振り返りを促す工夫

本題材の導入では，学習シートを配布し，授業の流れと意識してほしいポイント，汎用的なスキルについて説明した。学習シートには，前回の気付きを書いた付箋を授業前に貼らせ，自分の学びを振り返り，学習シートの内容を見て見通しを持てるようにした。

また，作品の制作に当たって制作計画書をつくらせた。制作計画書はアイディアスケッチとコンセプトが書けるようになっており，それらを見ながら自分が表現したいものを実現するためにどのような道順をたどるかを考えさせ，見える化し，見通しを持てるようにした。そして，制作に入る前と制作の途中段階でグループで相談する時間を取り，箸置きとしての機能や美しさと，それに対する見通しについて，アドバイスし合い，再考する時間を設けた。これらを通して，自己の学習を調整していく姿を目指したい。

（2）学びや気付きの自覚を促す工夫

制作計画書，アイディアスケッチ，鑑賞などの場面では本題材の目標に沿って次のような視点を提示した。「食卓に笑顔と豊かさを添える箸置きとはどのようなものなのか」「誰に，どのような場面でどのような気持ちになってもらいたいのか」「箸置きとして使いやすいか」「そのデザインに合う木の色や木目は何か」などである。目標に沿った視点を提示することで，この題材での学びを明確化し，その視点で自分や他者の考えや価値観を感じ，思考することができる。そして，その学びや気付きを得ることで次につなげようとする意欲も高まると考える。

題材の最後には，学びや気付きを振り返

り，変容や成長を自覚できるような時間をつくる。

美術科の学習と汎用的なスキルから振り返ることで，学びや気付きを美術科の授業以外でも使えるように一般化していきたい。

4　授業の実際

授業の導入では，まず神奈川県の伝統工芸品と伝統的工芸品を鑑賞したり，木のスプーンと金属のスプーンを比べたりして，木の性質やよさについて考えさせた。生徒は，地域と材料のつながり，木の色や模様，温かみ，手触り，重さなどを自分の生活とつなげて考えていた。

次に，神事用の箸置きと生徒の家にある箸置きを鑑賞し，箸置きとしての機能について考えた。

アイディアスケッチの前には，横浜国立大学の原口健一氏に木の性質の説明と道具の使い方を実演してもらい，どのような工程をたどるのかを生徒にイメージさせた。アイディアを練る前に木の性質や加工工程を知っておくことは，見通しを持って取り組むために必要だと考えたからである。工程のイメージがついたところで，アイディアスケッチと制作計画書の作成に入った。

生徒は題材の目標に沿った視点を基にコンセプトを練り，アイディアスケッチを考えていった。そして，アイディアを実現していくためにはどのような工程が必要なのかを制作計画書に書いていった。制作に入る前にグループでアイディアと制作計画について話す時間を取った。生徒は視点を基に互いにアドバイスし合い，その学びや気付きをアイディアに加えている様子が見られた。この段階で一度，教師も制作計画書に目を通し，箸置きとしての機能やデザイン，実現するのが難しい部分についてのアドバイスをコメントとして残した。生徒はそれを受けてアイディアや計画を再考し，制作に入った。複数の人から客観的な意見をもらえたことで安心して制作に取り掛かる生徒が多かったように感じる。

制作の途中段階で，もう一度制作計画書を調整する時間を設けた。それは客観的に自分を振り返り，今現在，主題を基につくった自分の目標とどれくらいのギャップがあるのか，問題は何か，解決するためにはどうするべきかといったことを自己評価させるためである。まず，自分で振り返って計画を調整した後，グループでも共有し，相互評価する。生徒は既存の知識や技能と体験して新たに得た知識と技能，相互評価で得た気付きを基に制作計画書を更新していた。コンセプトについても再考しており，目標に向かって学習を調整しながら取り組もうとする様子がうかがえた。

題材の最後に，「自然の素材を生かした工芸品は必要か，否か。それはなぜか。」という議論的な問いについて考え，他の人と共有する時間を設けた。生徒は，今までの学習，体験，生活とのつながりから考えていた。グループで共有した後，全体でも共有した。生徒からは「人工的な素材より，自然の素材からつくられた工芸品は，機能面はもちろん，手触りや香りがあり，使う楽しさが増えると思う」という意見が出ており，生活を豊かにする美術について感じることができていた。

全体を通しての振り返りでは，美術科の学習と汎用的なスキルから振り返ることで，自己の変容や成長を感じることができていた。そのような美術での学びが他の場面でも活用できたかどうかは，今後も調査していきたい。

●参考文献

小池研二（2019）「国際バカロレア中等教育プログラムを生かした美術の学びについて—ATL スキル（Approaches to Learning skills）の理論を中心に」，大学美術教育学会，pp.161-168

（元山　愛梨）

[資料]　資質・能力育成のプロセス（11時間扱い）

次	時	評価規準	【　】内は評価方法 及び Cの生徒への手立て
1	1	知　木が持つ形や色彩などの性質や，それらが感情にもたらす効果や造形的な特徴などを基に，全体のイメージで捉えることを理解している。（〇）	【発言の確認】 C：木の色や木目の違いに注目させる。木以外の素材とも比較させながらどんなイメージを感じるか，それはどうしてかを丁寧に問う。
		態　美術の創造活動の喜びを味わい，主体的に目的や機能との調和のとれた美しさなどを感じ取り，創造的な工夫について考えるなどして，見方や感じ方を深める鑑賞の学習活動に取り組もうとしている。（〇）	【発言の確認】 C：木工芸品を触らせて，興味を持たせる。感覚で理解できるように支援する。
2	2-10	思　箸置きを使う対象や場をイメージしながら主題を生み出し，使いやすさや機能と美しさなどとの調和を総合的に考え，表現の構想を練っている。（〇◎）	【発言の確認】【ワークシートの記述の分析】 C：既存の箸置きが機能と美しさの調和をどのように工夫して表現しているのかを考えさせる。どんな場面で自分が作った箸置きを使いたいか，季節や行事などを出させて，イメージしやすいようにする。
		態　美術の創造活動の喜びを味わい，主体的に使う対象や場をイメージしながら主題を生み出し，使いやすさや機能と美しさなどとの調和を総合的に考えたことを基に，構想を練ったり，意図に応じて創意工夫し見通しを持って表したりする学習活動に取り組もうとしている。（〇◎）	【発言や行動の確認】【ワークシートの記述の分析】 C：自分の主題について，箸置きを鑑賞して感じ取ったことや箸置きを使う対象や場をつなげられるように促す。制作計画書を振り返らせ，主題に沿って表現できるように支援する。
		知　木が持つ形や色彩などの性質や，それらが感情にもたらす効果や造形的な特徴などを基に，全体のイメージで捉えることを理解している。（〇◎）	【行動の確認】【ワークシートの記述の分析】【作品の分析】 C：主題に合うような木を実際に触りながらアイディアを練るように促す。
		技　材料や用具の特性を生かし，意図に応じて自分の表現方法を追求し，制作の順序などを総合的に考えながら，見通しを持って創造的に表している。（〇◎）	【行動の確認】【ワークシートの記述の確認】【作品の分析】 C：木材の特徴や用具の使い方を確認して，表現意図に合うように木材や用具を選択できるよう支援する。制作計画書に加筆しながら制作を調整していけるように，グループで対話する時間を取る。
3	11	思　目的や機能との調和のとれた美しさなどを感じ取って，作者の表現の意図と創造的な工夫などについて考えるなどして，美意識を高め，見方や感じ方を深めている。（〇◎）	【発言の確認】【ワークシートの記述の分析】 C：木の美しさや，機能と美しさなどから作品を鑑賞するように促す。また，作者のコンセプトを聞いて，表現の意図と創造的な工夫について考えるように促す。
		態　美術の創造活動の喜びを味わい，主体的に目的や機能との調和のとれた美しさなどを感じ取り，創造的な工夫について考えるなどして見方や感じ方を深める鑑賞の学習活動に取り組もうとしている。（〇◎）	【行動の確認】【ワークシートの記述の分析】 C：木の性質や作品の形に注目させ，何かに見立てたり，どのように感じたりするかを考えさせる。
		知　木が持つ形や色彩などの性質や，それらが感情にもたらす効果や造形的な特徴などを基に，全体のイメージで捉えることを理解している。（〇◎）	【発言の確認】【ワークシートの記述の分析】 C：木の美しさや，機能と美しさなどから作品を鑑賞するように促す。

○は主に「指導に生かすための評価」，◎は主に「記録するための評価」

主たる学習活動	指導上の留意点	時
・ワークシートを活用し，テーマと目標を確認する。 ・地域の伝統的な木工芸を鑑賞する。伝統工芸品や伝統的工芸品がなぜ発展してきたのかを，自分や他者との対話を通して考える。 ・木と金属の製品を比較し，生活の中にある木のものが感情にもたらす効果（温かみ，素朴さなど）について考える。 ・神事用の箸置きを見る。 【課題】 「食卓に笑顔と豊かさを添える箸置き」を制作する。	・本題材の学習の流れと，テーマ，目標を確認し，今後の活動に見通しを持って取り組めるように声をかける。 ・木の性質（色，木目，重さ）に注目させ，木には種類によって様々な性質があることを知り，地域の工芸についても考えるように促す。 ・木と金属のスプーンを比較させ，木製品が日常に自然と存在することに気付かせ，木が感情にもたらす効果について木の性質を捉えながら考えるように促す。 ・神事に使用される箸置きを例に出し，機能と美しさの調和について考えさせる。 ・神奈川県内の広葉樹を使って作品を制作することを説明し，地域と美術のつながりを感じさせながら制作への意欲を高めていく。	1
・箸置きの特徴を考える。 ・木の加工についてレクチャーを受ける。 ・アイディアスケッチを書き，粘土で形を模索する。 ・見通しを書いた制作計画書を作成する。 ・アイディアと見通しをグループ内で発表する。 ・箸置きを制作する。 ・6時間目には途中経過をグループで共有し，今後の見通しについてアドバイスし合う。制作計画書に加筆し，制作に移る。	・自宅にある箸置きを持参させ，重さや大きさ，統一感などの特徴を捉えさせる。 ・作業の安全性について確認させる。 ※本題材で主に使う用具の使い方や木材の特徴については，横浜国立大学教授原口氏にレクチャーを依頼した。 ・「豊かさ」に着目させ，対象や場をイメージさせて考えさせる。木のよさや機能と美しさの調和についても考えさせる。平面以外に立体でも考えられるように粘土を用意する。粘土と木の表現の違いを考慮させる。 ・制作計画書を作成させ，進行状況などを確認し，コメントできるようにする。 ・今後の見通しを調整していくことを意識させる。 ・毎回の振り返りを書く思考ボードは，制作を始める前に前回のものを見返し，見通しを持って制作に取り組ませる。 ・制作計画書と作品を見せ合いながら，今後の見通しを持たせ，計画を調整しながら制作するように促す。	2 — 10
・グループで作品を鑑賞する。 ・「日常使う木工芸品は美しいと感じるか，感じないか」「自然の素材を生かした工芸品は必要か，不要か」を自分で考えた後にグループで対話をする。 ・今までの思考ボードを見て，本題材で得た教科としての学びと汎用的なスキルについて客観的に考える。	・グループはメンバーを変えて行う。作品を鑑賞した後，コンセプト（主題，セールスポイント，機能と美しさなど）を作者から説明させ，対話しながら見方や感じ方を深めさせる。 ・問いについて対話をして，様々な価値観に触れさせる。自分や他者との対話を通して，自分としての価値を作り出していけるように促す。 ・今までの学習を客観的に捉えさせ，生活や他の学習とつなげていけるように促す。	11

保健体育科

実践例①～②

1　保健体育科が考える「学びに向かう力」を育む指導と評価のポイント

　『新学習指導要領』では，目標の一つに「生涯にわたって運動に親しむとともに健康の保持増進と体力の向上を目指し，明るく豊かな生活を営む態度を養う」ことが挙げられている。本校では保健体育科の本質を「協働的な学習を通して，見方・考え方を働かせ，知識及び技能を構築，活用し，学習活動の振り返りを行うことで，仲間とともに課題を解決する力を育成すること」と捉えている。上記の目標を達成するためには，生徒が協働的な活動を通して，運動やスポーツの特性に応じた行い方を学び，見通しを持った学習内容への取組と振り返りから新たな課題を見いだし，主体的に運動に取り組むことができるような単元や授業を構想・展開していくことが重要になる。そういった授業を繰り返すことで育成，涵養される資質・能力によって，全ての生徒の豊かなスポーツライフの基盤を形成したい。

（1）挑戦することから見方・考え方を働かせる，体育的活動の充実

　学習を通して体を動かす楽しさを味わわせるためには，①「楽しい」と思える瞬間との出会い，②「考えてできた」という成功体験，が有効であると考える。①では，授業の準備運動を常に同じとせず，「ウォーミングアップ，モチベーション（やる気），スキル（単元のスキルアップ），コミュニケーション，フィットネスアップ（体力アップ）」から種目につながる動きになるように組み合わせ，活動へと結び付ける。これにより，生徒は毎時間新鮮な気持ちで準備運動に取り組みつつ，その種目の特性にも触れることができる。また②では，単元に入る際，単元の学習の流れを周知することで，学習を通して次への展望を生徒自身が導き出せるようにする。これにより，生徒自身が自らの課題解決への計画立てや取り組み方を考え，主体的に種目と携わって「できた」実感を得ることが可能になる。生徒自身が単元の入口では，まず「種目」に挑戦し，場面ごとによってどのような技能，考え方が必要なのかを出し合い，その中で自己やチームのできていること，できていないことを知ることから始める。そして，「何をどのようにすればできるようになるか」から徐々に「できた」を増やしていき，最終的には「楽しい」につなげる授業展開を目指す。また，展開では，学習過程で学んだことを活用して，グループの中で，「試合で活用するにはどうすればよいか」「グループにとって，さらに必要なことは何か」を考えるために，ワークシートや検証タイムを活用して，自分事として捉えるきっかけをつくる。仲間の考えと自らの考えを比較・検証し，教え合うことで，互いを認め合うことが可能となり，新たな課題を発見することで，保健体育科の見方・考え方である「する・見る・支える・知る」を通した，生徒一人一人が学習に向き合うことができるようになると考える。

（2）協働的な学びの中で繰り返される言語活動を中心とした評価場面の設定

　グループ活動を土台とした授業形態の中で，自己課題をどのように解決させていくかという，

本校が大切にしている協働的な学びの視点から「学びに向かう力」を育むこととする（『附属横浜中』(2016～2019)）。体育の時間では，グループで活動をすることで，コミュニケーションや協調性を高めることができるが，個人の課題が解決されないまま，単元が進んでしまうことも少なくない。生徒自身が，「試合で活用したい」「発表でこの技ができたらよいものになる」と考え，それに向けて学習を進めていくことが必要である。単元前半の技能習得の場面では，グループ学習と同時に，ペア学習を行うことを仕掛ける。「ボールの捕球をスムーズに行いたい」「固め技をうまくかけられない」などそれぞれの課題に着目させ，「自問他答」の時間を設定することで，自分の学習だけでなく，仲間の学習を自分事として捉えることができるようになる。その中で，根拠の伴ったアドバイスや指摘をし合ったり，学び合ったりすることで，他者からの情報から思考・判断させ，自らの調整がうまく図れているか客観視させることが可能になる。また，学習カードを用いて授業ごとに振り返りを行い，それまでの学習について考察し，展開に向けた課題や展望を記入させることで，生徒の声として授業のはじめに発信して，学びを広げるきっかけをつくることができる。そして，その声を発展課題へと結び付けたりすることで，より「学びに向かう力」の高まりが期待できるようになる。

2　成果と課題

　たとえ体育が苦手な子であっても，少しでも「できた」を体感することができれば，その子にとっての「学びに向かう力」の高まりにつながるのではないかと考える。授業内では，場面ごとに応じた教師の声かけ，アドバイスの仕方が生徒間にも伝わり，それを真似たり，分かりやすく丁寧に教えたりすることで，ペア学習やグループ活動での練習では生徒同士の声かけが活発になった。教師側の支援としては，生徒個人やグループの課題を確認して，練習内容へのアドバイスや疑問を投げかけたり，練習してできたことや考えながらプレーしたことを賞賛したり，そしてその内容を全体に発信したりすることで，生徒の主体的な活動へのきっかけづくりを行うことができた。例えば，「柔道」では，新しい単元に挑戦する1年生と既習から新たな学びを増やす2年生が互いにグループをつくり，2年生は1年生の技のかけ方を観察して，アドバイスを行い，1年生は疑問に思うことを質問したり，アドバイスを基にして，その技に挑戦したりした。そして最後には試合に取り組み，自分たちの活動について振り返りを行うことで，仲間の動きの見方（視点）やアドバイスの仕方（方法）を身に付け，自分たちの学習へとつなげた。また，3年生は，「検証タイム」を活用し，自ら設定した課題の解決への流れを考えたり，既習内容を活用して仲間と練習内容を工夫したり，新たな方法を模索したりした。このような学習を繰り返すことで，自己調整を図りながら，自己の成長と向き合うことができていた。

　指導と評価がより一体となり，生徒の活動がさらに活発となるように，生徒個人の変容に応じた学習の流れや，生徒への適切な支援やアドバイスについて，今後も検討を続けていきたい。

保健体育科実践例①

1 単元を通じて実現を目指す「学びに向かう力」が高まっている生徒の姿

柔道を通して，常に相手（他者）を意識し，相手に合わせた動作ができるようになることや，相手を尊重し，敬う心が育まれ，多様な他者と協働して活動ができるようになる姿。

2 単元について

中学校で初めて学習する内容であるため，基本となる知識や技能を確実に身に付け，それを用いて相手の動きの変化に対応した攻防ができるようにすることをねらいとする。

本単元「武道（柔道）」では，柔道を行う上での安全面への約束事を確認し，武道を行う上での整然とした雰囲気づくりを心がけ，協働的な学び合いの場を中心に授業をデザインした。その中でお互いの課題に気付き合い，教え合いながら技や受け身が磨かれていく楽しさや喜びを味わい，基本動作や基本となる技をできるようにさせたい。また，ICTや実技書などを用いて仲間へアドバイスしたり，自己の姿を見返したり（可視化）することでメタ認知へとつなげたい。そして，健康や安全に気を配るとともに，礼法に代表される伝統的な考え方などを理解し，課題に応じた運動の取り組み方を工夫できるようにさせたい。

3 「学びに向かう力」を育む指導と評価のポイント

（1）単元の「見える化」

①見通しを持たせる

単元を貫くテーマ（キーワード）を必ず授業の入口の場面で設定し，学習ノートに載せたり，ホワイトボードに掲示したりして，常に授業の方向性を意識させてきた。今回は柔道を通して「礼を学び，自他共栄の精神を養う」ことと設定し，特に声かけの中に「相手（相手意識）」というキーワードを多くした。また，学習ノートに単元計画・評価規準を載せることで，単元全体の活動がイメージしやすくなり，見通しの立てやすさにもつながっている。

②学びの履歴

授業で出てきた全てのキーワードを生徒が必ず目にするホワイトボードに掲示して「見える化」を図り，既習の学びを振り返ることができるようにした。

そのためにまず，保健体育，他教科や小学校を含めた過去の学びについて単元前に確認をするようにしている。既習の学びからつなげることで生徒も見通しが持ちやすく，学びに向かう力も生まれやすくなり，粘り強く取り組んでいく姿が期待できるからである。これらの取組は，序盤の授業中でのつぶやきや学習ノートに表れやすいので，寄り添った観察をすることが，後半にかけての授業デザインに生かしていく上でも大切である。

（2）「憧れ」の感覚

「マネしてみたい！」「自分もそうなりたい！」と思うワクワク感が生徒を没頭させ，学ぶ意欲の向上につながるので，柔道選手の動画を見たり，上手くできているクラスメイトの動きを見たり，上級生（2年生）との合同授業を取り入れたりした。

自らが習得した知識と技能，目で見た正しい動きやアドバイスから得た新たな知識と技能を今度は他者と協働的な学び合いの中で試行錯誤しながら磨いていく活動を行う（粘り強い取組，自己調整）。その活動の様子は授業中の姿やつぶやき，学習ノートなどにも表

れてくるので，そこで反応の少ない場合やズレが生じている場合には，声かけやコメントで返していくことで意識を高めさせたい。

4　授業の実際

　単元初回のオリエンテーションでは，「見える化」を図り，単元計画や評価規準に触れ，単元を貫くテーマを「礼を学び，自他共栄の精神を養う」とした。授業中の声かけなどにも「相手（相手意識）」というキーワードを多く取り入れ，意図的に学ぶ方向性を意識させながら活動に寄り添うことを心がけた。

　学習ノートの単元前の記述を見ると，例年1年生には見られる傾向ではあるが，柔道に対してマイナスイメージを持っているものが大半で，耳慣れない言葉や授業の流れ，怪我に対する不安などを抱えていることが分かった。他単元より「見通し」が持ちづらいことや，イメージがしにくいことから「憧れ」も生まれづらいことが予想できた。

　そこで他単元では序盤に見せるトップ選手の動画をある程度，礼法・基本的な動作・技・受け身などを学習した段階で見せた。また，上手くできる生徒に見本を披露してもらった。動画やクラスメイトの動きを食い入るように見ながら，確認している様子があり，確認後は班で，実技書なども参考に試行錯誤する姿が見られた。まさに「憧れ」の感覚から「やってみたい」というワクワク感に変化し，見たことによってそれまでの学びを自己調整しながら活動に取り組めていた。

　その一連の動きを評価するためには，毎授業で個人や班の活動に耳を傾け，つぶやきを聴いたり，それに対して声をかけたりしながら観察することが大切であると感じた。iPadを使って動画を撮り，その場でのアセスメント（支援）に使ったり，後で評価のために使ったりした。動いている多くの生徒をできるだけ見逃さず，評価と指導をしていくにはと

ても有効な手法であると感じる。

　2年生との合同授業では，「抑え込み技の攻防」を，試合と振り返りを2回繰り返して行った。1年生は2年間柔道の授業を受けている先輩たちと実際に体を合わせることで体感できる技能，相手を尊重する態度，振り返りの中で分かる知識を得ることができた。2年生も1年生と活動する中で知識や技能がメタ化され，確かなものへと変容し，自信に満ちた表情をしていた（図1）。

図1　2年生との合同授業

　この活動を生かしていくには，「2年生に対していかに技が出せたか」ということではなく，「自分たちより経験の多い人たちと活動することでしか得られないものを，自分のものにして次につなげられているか」を見取っていくことが必要である。そこで次の授業を挑戦的な課題「班対抗の団体戦」とし，授業内または学習ノートを介して，ほめる声かけやズレを感じた生徒には次につながるアセスメントとしてのコメントを返した。授業の様子は，自然とどの班も自分たちで前時の振り返りから始まり，動きを確認し合い，実践の中で高め合う姿が見られ，柔道という教材を介して対話的に活動し，没頭している様子が伝わってきた。また，先輩たちが見せてくれた審判法についても役割分担しながら練習する様子が見られた。これは柔道の価値や特性を楽しみながら味わい，体育の「見方・考え方」を働かせて「する・みる・支える・知る」という多様な関わり合いを自分たちで行い始めた瞬間でもあった。

（中山　淳一朗）

[資料]　資質・能力育成のプロセス（10時間扱い）

次	時	評価規準	【　】内は評価方法 及び Cの生徒への手立て
1	1 ― 6	知　柔道の特性や伝統的な考え方，学習する意義を理解している。（○）	【学習ノートの記述の確認】 C：実技書などを用いて技術や特性，これからの見通しについて確認させる。
		態　安全に留意して取り組むとともに，伝統的な行動の仕方を守ろうとしている。（○）	【行動の確認】 C：安全に対しての重要性を確認したり，手本や仲間の様子などを見せたりしながら理解させる。
		技　受け身，固め技（袈裟固め，横四方固め，上四方固め）の形を取ることができる。（○）	【行動の確認】 C：取や受の動き，技のポイントを確認させる。
		思　課題に応じた練習方法を選んでいる。（○◎）	【行動の確認】【学習ノートの記述の分析】 C：技のポイントを確認し，練習方法を理解させる。
		態　仲間の学習を援助しようとしている。（○◎）	【行動の確認】【学習ノートの記述の分析】 C：アドバイスの仕方や方法，ICTや実技書の使い方などを指導する。
2	7 ― 9	思　課題に応じた練習方法を選んでいる。（○◎）	【行動の確認・分析】 C：取や受，技に対しての崩し方や体さばきを整理し，再確認させる。
		技　基本となる固め技を身に付けて，相手と攻防することができる。（○◎）	【行動の確認・分析】 C：技のポイントを確認し，どの部位を見ればよいか確認させる。
		態　分担した役割を果たそうとしている。（○）	【行動の確認】 C：試合進行や審判方法を確認させる。
		知　技の名称や試合（固め技の攻防）の行い方について，学習した具体例を挙げてまとめている。（○◎）	【行動の確認】【学習ノートの記述の分析】 C：授業の取組や仲間との関わりも振り返りながら記入させる。
3	10	態　自己や班活動での取組，学びについて振り返ろうとしている。（○◎）	【行動の確認】【学習ノートの記述の分析】 C：今までの学習を振り返り，自己の変容や理解できたことなどを具体的に確認させる。

○は主に「指導に生かすための評価」, ◎は主に「記録するための評価」

主たる学習活動	指導上の留意点	時
単元テーマ「礼を学び, 自他共栄の精神を養う」 【基本的な動作, 技の習得を図る】 ①個の確認 ・学習の見通しや進め方を知る。 ・柔道の特性, 技術の名称や行い方について確認する。 ・柔道衣の着方, たたみ方, 準備運動を確認する。 ・礼法や受け身を習得する。 ・崩し, 体さばきを習得する。 ・固め技（袈裟固め, 横四方固め, 上四方固め）を知る。 ②班での確認（毎時行う） ・班でアドバイスしながら準備運動, 確認を行う。 （体操, ゆりかご, 後ろ受け身, 前転, わきしめ, えび） ・崩しに対応した受け身を習得（段階をおった練習）する。 （受が両ひざをつく→中腰から→自然体から） ※必ずカウント「1・2 1・2 1・2・3」を取りながらタイミングをお互いに共有する。 ※受け身は落下の感覚を加えたものを練習する。 ・技のポイントや課題, 解決方法や理解できたことを振り返り, 学習ノートに記述して残す。	・活動班での時間を確保し, 仲間と比較することで自己の現状を把握させる。また, 仲間へのサポートや課題の助言を行うように促す。 ・安全面に留意しながら取り組ませる。 （服装・装飾品・髪爪・活動方向・間隔・畳の隙間・全員右組み） ・相手の動きに応じた技の入り方, 返し方を見付けさせる。 ・審判法（ルールや審判の動作, 合図）, 役割分担（競技者・審判・補助者）, 禁じ技の確認, 安全面の確保ができるように促す。 ・生徒に寄り添った指導を意識する。ほめる言葉かけや本時のキーワード（学習ノートなどの振り返りから, 課題となる点を明確にした学びの視点）の意識付けを行う。 ・体感したことも含めて, 具体的に記入するよう補足する。	1 ー 6
【課題】 得意技を見付けよう!!〜習得した技を実戦で生かせるようにお互いの課題を見付け教え合おう〜 【班で気付き合い, 教え合う活動】 ・課題に応じて, かかり練習や約束練習を行う。 ・課題に適した練習方法や課題を見付け合い, アドバイスをし合う。 ・簡易試合を通して技に磨きをかける。（2種類） 一つ目 取受を決め, 30秒間取が技をかけ続ける。 二つ目 30秒間で技を5秒間抑え込んだら終了とする。 ・第2学年との合同授業を行う。 【課題】 班対抗の団体戦をやろう！！ ・技のポイントや課題, 解決方法や理解できたことを振り返り, 学習ノートに記述して残す。	・自然本体からの崩し, 体さばき, 受け身が取れるように意識させる。 ・受け身のポイントを, ICTを使用して視覚化することで, 必要な知識や技能を確認させる。 ・実技書などを用いて確認させる。 ・かかり練習や約束練習を通して技の定着を図る。 ・班での時間を確保し, 仲間へのサポートや課題などの助言を行うように促す。 ・試合では学習した技のみを使用するように促す。 ・審判法（ルールや審判の動作, 合図）, 役割分担（競技者・審判・補助者）, 禁じ技の確認, 安全面の確保ができるように促す。 ・体感したことも含めて, 具体的に記入するよう補足する。	7 ー 9
・学習を通じて, 自己の成長や伝統的な行動の仕方について振り返り, 学習ノートにまとめる。	・武道と日々の生活の中の関わりについて, 共通する場面や今後の学習内容にもつながっていることに気付かせる。	10

保健体育科実践例②

1　単元を通じて実現を目指す「学びに向かう力」が高まっている生徒の姿

　互いの力を理解して教え合うことや，課題発見からチームの作戦の組み立て，解決までの過程の中で，自分の考えを仲間に伝えることでチームに貢献できる姿。

2　単元について

　1，2年時の球技の学習では，基本的な技能の定着を図り，それらを活用してゲームを行ってきた。ソフトボールは第2学年で学習し，基本的なバット操作と走塁での攻撃，ボール操作と定位置での守備などによって攻防をすることをねらいとした。学習の過程で「投げる」「捕る」「打つ」についてスモールステップを活用する中で，技術の行い方を理解している生徒による教え合いがチーム内で増えていった。第3学年では，やさしい投球に対する安定したバット操作により出塁・進塁・得点する攻撃と，仲間と連携した守備のバランスの取れた攻防を展開できるようにしたい。そのためには，つながる打撃，それに合わせた走塁による攻撃や，仲間と連携した守備を中心に，自己のチームや相手チームの特徴を踏まえた作戦を立てて練習やゲームを展開させたい。また，ボールや用具の操作とボールを持たないときの動きにも着目させ，学習に取り組ませたい。あわせて，自己や仲間の考えたことを他者と伝え合い，合理的な解決に向けた練習方法を選択したり，ゲームや練習を通して攻防などの自己やチームの課題を発見したりして，勝敗を競う楽しさや喜びを味わうことへつなげたい。

3　「学びに向かう力」を育む指導と評価のポイント

（1）目指すべき種目の形と楽しさを味わうための単元構成

　単元の流れを把握し，生徒はそれに合った最終目標を設定することで，学習の見通しを持った計画を作り出せる。そのために，まず学習ノートには，さらなる課題発見や解決までの振り返りができるように，学習の気付きを毎時間記入させる。そして，活動の中での生徒の気付きやつぶやきを活用し，それをポイントや疑問として再び生徒に返すことを心がける。また，自チームだけでなく他のチームへのアドバイスを行うことで，一人一人が常に「検証タイム」を行えるようにする。

（2）学びの自覚を促す言語活動の充実

　個々が出したチームの状況の付箋情報を活用した話し合い活動を通して，互いの意見を取り上げ，見通しを持った課題の設定を生徒自身が行えるようにする。既習事項をさらに発展，応用させるという学びの方向性を見いだし，学習の幅を広げる時間を増やすことができるように見通しを持てる課題設定をし，仲間と協力をして解決していけるようにする。単元の展開では，ゲームを通じて見えた課題を取り上げ，グループで解決をするための練習を行い，それを基に再度ゲームを行う。その中で，練習で身に付けたことをゲームで活用し，自らの技能，チーム全体の変容に気付かせて，次の課題発見へとつなげたい。また，学習した内容から生徒自身がゲームを組み立てて展開できることで，技能の上達を感じるだけでなく，ソフトボールという競技の特性を身に付けたことを実感することができるようにも工夫したい。

4 授業の実際

課題①「ゲームで攻防を楽しむために，仲間と協力する中で，連係プレイや安定した打撃を身に付ける」，課題②「ゲームの状況に応じて，練習で身に付けた技能や連係プレイから選択し，ゲームで活用する」という，二つの課題で単元を分け，学習の流れを提示し，スモールステップで学習することで，学びの意欲を生み出すこととした。

課題①では，アドバイスのきっかけとなるグローブの出し方をスムーズにするスキルアップと，ベースランニングを活用したコミュニケーションアップなどのウォーミングアップを取り入れ，種目へのつながりを組み込んだウォーミンアップを行った。個人の技能向上では，自己課題の設定を行い，「課題解決のために○○が必要である」という仮説を立てさせることで，技術習得へのきっかけづくりを行った。（図1）

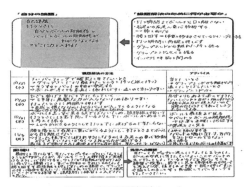

図1　自己課題解決シート

生徒は，グループ内で同じ課題の仲間とペア学習することで，互いの疑問に「自問自答」から「自問他答」に視野を広げて解決のきっかけとした。生徒はそれぞれの課題をスモールステップで解決できることで，「○○ができるといい」という新たな課題を見付けることもできた。例えば，野球経験者の生徒がスピード感のあるスムーズな捕球を見本で行ったとき，女子生徒が「私もあのような捕球ができるようになりたい。」という声を挙

げた。この時点で，生徒の新たな課題が生まれ，仲間とともに解決に向け学びを持続し，広げることができた。課題①から②へ進む際は，この自己課題を基とした展望を示し，チーム，クラスでの学習で共有できるように発信し，課題②への意欲を高めた。課題②では，従来の作戦を立ててからゲームという形を変えて，ゲームを通して「相手チームに勝つためにはどのように展開する必要があるか」というチームの課題に対する発見や，互いにアドバイスや指摘がしやすくなるように「試合前半→作戦→試合後半→変容への気付き」という形にした。その際，作戦を立てる前に相手チームから「いいところアドバイス」をもらい，作戦立てのヒントとさせた。また，チームごとのアドバイス活動が，運動が得意な生徒やアドバイスをしやすい生徒だけの活動の場になることがあるので，生徒一人一人が互いを「する，見る，支える，知る」という視点で指摘し合う取組とし，相手チームのペアから個人アドバイスももらい，技能の定着，向上にもつなげた。生徒は，ゲーム内の自分の動きについて気付いたことを伝えてもらうことで，自らの変容に目を向けて，身に付けた知識を基に思考し，自己調整へと結び付けることが可能となる。また，個人課題やチーム課題を解決するために互いを知り，認め合うことで「さらに上手くなりたい」「これができるようになりたいから○○しよう」という思いが，粘り強く学習に取り組む姿へと結び付けられることも期待できる。

常に動きのある体育の授業では，生徒がその一瞬一瞬を楽しみ，没頭することができる。これからも「生涯にわたって運動に親しむ」態度を，学習を通して，楽しみながら，自己や仲間の課題の解決を図っていく中で育んでいきたい。

（和田　真紀）

[資料] 　資質・能力育成のプロセス（10時間扱い）

次	時		評価規準	【　】内は評価方法 及び Cの生徒への手立て
1	1 － 3	知	ミニゲームを通して，技術の名称や行い方，運動観察を理解している。（○）	【発言の確認】【学習カードの記述の確認】 C：実技本を確認したり，仲間のアドバイスを基にしたりして，行い方を確認させる。
		思	運動観察を通して，課題を発見し，解決に向けて練習方法を工夫している。（○）	【学習カードの記述の確認】 C：仲間のアドバイスや意見を参考に，実技本から課題に合った練習方法を選択するよう助言する。
2	4 － 7	態	課題からどのような練習が有効かを考える話し合いに貢献しようとしている。（○）	【発言の確認】【学習カードの記述の確認】 C：課題を理解しているか確認をし，課題の中で自分が理解できている内容から課題に適した練習方法を提案できるよう助言する。
		態	自主的に取り組み，課題解決に向けて互いに教え合おうとしている。（○）	【発言の確認】【学習カードの記述の確認】 C：実技の本と仲間の動きを比較し，アドバイスをするように促す。
		思	課題解決に向けて，練習内容を工夫し，自己の考えを仲間に伝えている。（○）	【発言の確認】【学習カードの記述の確認】 C：仲間のアドバイスや意見を参考に，実技本から課題に合った練習方法を選択するよう助言する。
3	8 － 10	思	ゲームの攻防を通して，さらなる課題を発見し，仲間に伝えている。（○◎）	【発言の確認】【学習カードの分析】 C：攻撃と守備のどちらかに焦点を置き，チームの課題となりそうな部分についてメモを取り，確認させる。
		技	安定したスイングと走塁で攻撃に参加したり，連携した守備をしたりして，攻防をしている。（◎）	【行動の分析】 C：ボールをよく見てスイングしたり，状況に応じて連携の守備をしたりするように促す。
		態	チームの現状を確認し，作戦立てやプレイ中の動きを自ら発言し，互いに教え合いながらチームに貢献しようとしている。（○◎）	【行動の確認】【振り返りカードの記述の分析】 C：学習してきた内容を学習カードで振り返らせ，状況に合ったアドバイスを確認させる。

主たる学習活動	指導上の留意点	時
・単元の流れを確認し，見通しを持つために単元の目標を設定する。 ［検証タイム1（個人課題）］ ・ミニゲームを行い，検証タイムを活用して，仲間とともに技能の確認を行う。 ・チーム内で，一つ一つの技能についてアドバイスをしながら練習を行う。	・単元の学習の流れについて，時間軸で捉えて目標を立てられているか確認をさせる。 ・既習事項から仲間の動きを観察し，実技本と比較してアドバイスをするよう助言する。 ・チームで協力をして，検証して身に付けた技能を活用したグループ練習をするよう促す。	1 ― 3
【課題①】 　ゲームで攻防を楽しむために，仲間と協力する中で，連係プレイや安定した打撃を身に付ける。 ・ミニゲームの内容について，付箋に書かれたものを基にチームの課題発見をする。 ［検証タイム2（チーム課題）］ ・守備は，打者と走者の関係性から考えた連係プレイを見つけ練習をする。 ・打撃は，バッドにボールを当てるだけでなく，守備者を超えるための打撃や，投手の制球を見極めて打つことができるように練習をする。 ・練習を通して互いの動きを理解し，練習の中でできているところ，さらによくなるためには何が必要かを仲間に伝える。	・グループで，付箋情報を分析し，攻撃と守備のそれぞれにどのような課題があるのか整理させる。 ・守備と攻撃の練習方法について，実技本から選択し練習をするように伝える。 ・練習中に仲間の動きに対して，観察しアドバイスをし合うように促す。 ・練習に見通しを持って取り組むようにすることや，多くの練習を行いながらチームに合う動きを見付けられるように促す。	4 ― 7
【課題②】 　ゲームの状況に応じて，練習で身に付けた技能や連係プレイから選択し，ゲームで活用する。 ・各チームの課題を把握し，ゲーム中に観察をして，アドバイスをする。 ・ゲームの状況に合わせて，仲間にアドバイスをしたり，作戦を再度伝えたりするなど自主的に活動をする。 ・ゲーム後には，よかった点，次のゲームに向けた作戦や課題を出し合う。 ・新たな課題解決に向けて，仲間と協力をして，練習を行う。 ・学習を通して，最初に立てた目標にどこまで近づけたか，振り返りを行う。	・自己やチームの変容に気付きやすくするため，「ゲーム→作戦→練習→ゲーム」のサイクルを取り入れる。 ・自チームだけでなく他チームの課題を把握し，ゲーム中に感じたことをアドバイスできるように伝える。 ・ゲーム中の状況に合わせて，作戦を確認したり，連係プレイについて伝え，活用できるように理解させたり，修正させたりする。 ・ゲーム後の振り返りの中で，変容への気付きを仲間と共有し，さらなる作戦や課題を発見し伝えるように促す。 ・単元全体を通して，どのような場面が一番深く考えたり，変容に気付けたりしたのかを振り返ることができるように促す。	8 ― 10

技術・家庭科【技術分野】

実践例①

1　技術・家庭科(技術分野)が考える「学びに向かう力」を育む指導と評価のポイント

　技術分野では，「よりよい生活の実現や持続可能な社会の構築に向けて，適切かつ誠実に技術を工夫し創造しようとする実践的な態度を養う」ことが目標の一つとして挙げられている。この目標を達成するため本校技術分野では，複数の側面で技術を評価し，知識・技能を活用して，試行錯誤しながら条件に沿った最適な解決策を考えられる授業を行っていく。そして，その過程で，自らの学習が目標に近づいているかを振り返りながら学習を進めることなどを心がける。

(1) 生徒主体の課題発見

　「課題の設定」の場面では，生徒自ら課題意識を持って学習にのぞめるよう，教員が設定した条件を踏まえながら，生徒たち自身で事前に学習したことを基に解決すべき課題を考えさせていく。活動の中で生徒から挙がった問いについては，班やクラス全体で共有し，目標や与えられた条件と照らし合わせながら，より適切だと思われる解決方法を協力しながら考えさせていくことを大切にする。こうすることで，技術の授業で取り組む課題を自分事として考えさせるとともに，どんな課題にも仲間と協力して粘り強く取り組める素地の形成が期待できる。

(2) 見通す・振り返る活動の充実

　設計や計画を考える場面では，社会の中で実際に行われているものづくりの工程を参考にしながら，授業で学んだ知識・技能がどのような場面で活用できるかや，現状をよくするためにどのようなことができるかを考えさせたり全員で共有させたりすることで，課題解決に向けたより具体的な見通しを持てるようにしていく。

　学びの振り返りについては，学習を通して考えがどう変化したかや，授業での取組が目標の達成へと向かえていたかを生徒自身が確認しやすいように，学習活動の流れに沿った一枚式の振り返りシートを工程ごとに記入して活用していく。このシートを活用することで，課題解決に向けた自分の活動の成果と課題を自覚させるとともに，今後必要なことを自分で見いだし次の活動の見通しを持たせることができるようになる。

2　成果と課題

　成果としては，課題意識や目標を持って学習に取り組む生徒の姿が多く見られたことである。こうした意識を持たせられれば，生徒の「学びに向かう力」を高められることが分かった。また，個々に課題解決に取り組む活動では，悩みなどをクラスで共有することで，新たな視点に気付いたり，課題を自分事として考えたりすることもできるようになった。

　一方で，課題を見付けること自体に苦労している生徒の姿も見受けられた。自分自身の生活や社会の課題をどう捉えさせ「問い」として考えさせていくか，今後も検討していきたい。

技術・家庭科【家庭分野】

1　技術・家庭科（家庭分野）が考える「学びに向かう力」を育む指導と評価のポイント

『新学習指導要領』では，資質・能力の育成を目指して「自分と家族，家庭生活と地域の関わりを考え，家族や地域の人々と協働し，よりよい生活の実現に向けて，生活を工夫し創造しようとする実践的な態度を養う」ことが目標の一つに挙げられている。本校では，構築した知識・技能を活用して，生活を見直す視点を明確にし，それを基に改善を図ろうとする姿を育成することが，教科の本質だと捉えている。

目標の達成には，授業において「見方・考え方」を働かせる活動を充実させることや，「見通す・振り返る」学習活動を工夫することが不可欠であり，これらを意識した実践を通して，生徒に「学びに向かう力」の高まりを実感させたい。

（1）「見方・考え方」を働かせる活動の充実

生徒が「自分でできるようになりたい。」と思えるような，きっかけづくりが大切であると考える。そのためには，まず実生活や生徒にとって必然性のある場面設定の中から，生徒自身が課題を見いだすことが重要である。そして，その解決に向けて実践的・体験的な学習活動の中で，試行錯誤を重ねながら取り組んでいくからこそ，複数の視点から生活を捉えたり，改善を図ったりする主体的な態度や粘り強さが培われていくと考える。だからこそ，生徒が試行錯誤しているときにただ答えを教えるのではなく，より課題への没頭やひらめきを促せるように，その生徒がまだ気付けていない部分に光を当てるような声かけをすることを心がける。

（2）「見通す・振り返る」学習活動の工夫

生徒が何のためにこの学習をするのか，学習をしたらどのような力を身に付けることができるのかが分かるように「見通し」を持つことと，本時の学びから得た視点を基に，実生活につなげて考えるために「振り返り」を行うことは重要な活動である。授業では，思考の変容が可視化されるワークシートを用いて，毎時間の流れを確認することで，ここまでの過程を振り返らせたり，次の活動を見直させたりして，題材を貫く課題を意識した学習を行えるようになる。また，振り返りの視点を明確にすることで，これからの生活につなげて考えたり，新たな問いを見いだしたりすることが可能になる。全体で共有すべき記述は，生徒に発表してもらうだけでなく，他クラスの生徒のものも提示したりして，学級の枠を越えて生徒同士が高め合えるように工夫する。

2　実践の成果と今後への課題

生徒同士の交流会で生徒とともに教員も考えたり，生徒の活動の活性化を促すように声をかけたり，ワークシートに記された気付きや思いに線を引いてコメントをしたり，返却した後にスクリーンに投影して共有したりしたことで，個人内評価を充実させることができた。様々な題材でこのような工夫を繰り返し行い，継続させていくことが重要であると考える。生徒がよりよい生活の実現ができるように，今後も追求していきたい。

技術・家庭科【技術分野】実践例①

1 題材を通じて実現を目指す「学びに向かう力」が高まっている生徒の姿

社会からの要求，安全性，環境負荷や経済性といった複数の側面を踏まえながら，主体的に技術を活用し，より適切だと思われる解決策を考えていこうとする姿。

2 題材について

本題材は，『新学習指導要領』「Ｃエネルギー変換の技術」「Ｄ情報の技術」に当たり，生徒自身が学校生活の中からエネルギー変換の技術と計測・制御の技術を活用することで解決できる課題を見付け，班で協力しながら課題解決に向けた製品のモデル作りを行っていく。製作者側の立場と，その製品を購入し実際に使用していく消費者側の立場を意識しながら取り組んでいくことで，技術の見方・考え方を自然と働かせながら，課題解決を行えるようにしていくことを目指す。

本稿では主に課題設定の場面について扱う。まず学校生活で起きている問題に目を向けることで，解決すべき課題を自分事として考えさせる。そして，決められた条件の中でより適切だと思われる製品を作るためには，どのような方法を取るべきかを班で協力しながら考えることで，課題解決に向けた具体的な見通しを持てるようにしていく。

生徒たちは，１年時では材料や加工方法を工夫して身の回りを整理するための製品を製作したり，２年時では季節や地域に合わせた作物の育成を行ったりと，ものをつくる側の立場を実際に経験してきている。それら過去に学んだ題材も振り返りながら学習を進めていくことで，普段の生活であまり意識することのない，製作者側の視点もしっかりと考えられるようにしていきたい。

3 「学びに向かう力」を育む指導と評価のポイント

（1）課題の設定

本題材で取り組んでいく課題については，生徒が日頃の学校生活で困っていること，悩んでいること，もっとこうなればいいのにと思うことを，使用できる材料，必ず取り入れる技術（歯車，電気回路など），参考となる製品モデルなどを基にしながら決定していく。生徒自身で課題を設定し取り組んでいくことで，授業で考える問いを自分事として考えられるようになることを期待したい。また，生活や社会の中で起きている問題の解決に取り組むことで，技術での学びが生活や社会をよりよくすることにつながるということを実感できるようにしたい。

（2）課題解決に向けた「見通し」の検討

解決する課題の決定後，製品モデルを作る上でどんなことを大切にしていくかを，重要度ごとに表にまとめる活動を行う。この活動を行うことで，技術のトレードオフについて意識させるとともに，これから具体的な構想を立てていく中でどのようなことを考えなければいけないかを自ら気付けるようにしていきたい。今後の活動では，ここで立てた見通しを基に，生徒自身で自らの活動が目標の達成に近づいているかを振り返り，次の学習へとつなげていく。教師は，ここでの記述を参考にしながら，構想立てや製作の中で自分たちの立てた目標の達成に近づいているかを確認し，次の指導へと生かしていく。

また，より幅広い視点にも目を向けながら考えられるように，生徒が利用できる共有のフォルダなどを活用しながら，他の班や他クラスの生徒から意見をもらう機会も設ける。

4 授業の実際

授業の導入では,「ある中学校から,『生徒がより過ごしやすい学校になるような自動で動く便利な製品を作ってほしい』という依頼があり,その学校に提案する製品モデルを班で考える」という場面設定と,使用できる材料や使用する技術などの条件を提示した。

解決すべき課題を見付ける活動では,中学生が学校生活の中でどんなことで困ったり,悩んだりしているかを個々で考え,その条件と照らし合わせながら班で検討した。班の話し合いでは,現実的なものから空想的なものまで様々な意見が出ていたが,これまで学んだことがどう活用できそうかを考えたり,決められた条件の中で実現できそうなのはどれかを考えたりするなど,取り組むべき課題を様々な視点から吟味する様子が見られた。また,課題を解決するためにどのような製品が必要かを考える際には,実際の製品を確認しながら考える様子(図1)もあり,生徒が積極的に課題と向き合う姿があった。

図1 実物から考える様子

課題を解決する製品モデル製作への見通しを考える際には,はじめに個々で「製作者」と「消費者」両方の視点から,製作を進める上で大切な側面を考えさせるようにした。それぞれの視点を考えさせる際,これまで授業で行ったものづくりで自分が大切にしてきたことや,普段ものを買うとき何を大切にしているかを思い返させることで,より多くの側面から考えることができていた。次に,ここ

で挙がった側面を基に班で図表(図2)を活用しながら,どのような優先順位で製品作りを進めていくかを話し合った。班内では,製品を作る目的を意識しながら,何を優先するか考えをすり合わせていく様子が見られた。

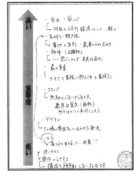

図2 生徒の記述

また,班ごとに優先する側面がそれぞれ異なる部分もあり,この表を比較しながらお互いの考えを共有させることで,他の人の意見から考えをより深めることができていた。

今後はここで立てた見通しを基に,具体的な構想立てを行っていく。また,各工程の終わりごとに今回まとめたことを見返しながら振り返りシート(図3)を記入することで,自分の活動がきちんと目標の達成に向かっているかを確認できるようにしていきたい。

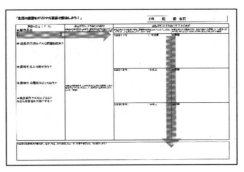

図3 活動の流れに沿った振り返りシート

実践の課題の一つとして,なんとなく課題を設定してしまう班があったことが挙げられる。「本当に解決したい」と思えるような課題に出会わせることができなければ,今後の活動の中で主体性は生まれてこない。アンケートを取らせ,その結果から課題を考えさせたり,実際の様子を観察する時間を設けたりするなど,課題の見つけ方について今後改善を図っていきたい。　　　　　(佐々木　恵太)

[資料]　資質・能力育成のプロセス（26 時間扱い）

次	時		評価規準	【　】内は評価方法 及び Cの生徒への手立て
1	1 ― 2	態	進んで社会で利用されているエネルギー変換の技術について理解しようとしている。（○）	【行動の確認】【ワークシートの記述の確認】 C：生活や社会の中で利用されている例を挙げ，利用されている技術に関心を持たせる。
		思	エネルギー変換の技術に込められた工夫を読み取り，技術の見方・考え方に気付けている。（○◎）	【ワークシートの記述の確認・分析】 C：生産者だけでなく消費者の立場も考えさせることで，より具体的なイメージを持たせる。
	3 ― 6	知	力や運動を伝達する仕組みや電流の流れを制御する仕組みについて説明することができる。（○◎）	【行動の確認】【ワークシートの記述の確認・分析】 C：ワークシートや他者の記述を確認して学習内容を振り返るよう促す。
		態	条件を基に最適だと思われる改良方法を構想しようとしている。（○◎）	【行動の確認】【ワークシートの記述の確認・分析】 C：他の題材での学習を振り返らせたり，身の回りの製品を例に挙げながら条件を考えさせたりする。
2	7 ― 12	思	生活や社会の中から解決すべき課題を設定し，解決策を構想している。（○◎）	【行動の確認】【ワークシートの記述の確認・分析】 C：ワークシートを見直させたり，他者の意見を聞かせたりして考えさせる。
		態	条件を整理し，課題を解決するための最適な解決策を構想しようとしている。（○）	【行動の確認】 C：仲間との意見交換や集めてきた情報を再度見直すことで考えを整理させる。
	13 ― 17	知	安全・適切な製作や点検・調整ができる。（○◎）	【試作品の確認・分析】 C：注意事項や作業方法について教科書などを使いながら繰り返し確認させる。
		思	製作案を基にしながら，試行・試作し解決策を具体化している。（○）	【行動の確認】【試作品やレポートの確認】 C：仲間と意見交換をさせ，設計・計画を見直させる。
		態	課題を解決するための最適な方法を考えようとしている。（○）	【行動の確認】【ワークシートの確認】 C：ワークシートや他者の記述を確認して解決策を振り返るよう促す。
	18 ― 23	知	計測・制御システムの仕組みについて説明できる。（○）	【行動の確認】【ワークシートの記述の確認】 C：ワークシートを見直し学習内容を振り返らせる。
		知	安全・適切なプログラムの制作，動作の確認及びデバックなどができる。（○）	【行動の確認】【試作品の確認】 C：ワークシートや他者の記述を確認してプログラムを振り返るよう促す。
	24	態	課題解決の過程・結果を振り返り，改善策や修正案を考えようとしている。（○◎）	【行動の確認】【ワークシートの記述の確認・分析】 C：振り返りシートや他者の記述を確認させる。
3	25 ― 26	思	生活や社会で利用されている技術を評価し，今後どのように活用していくべきかについて考えられている。（○◎）	【行動の確認】【ワークシートの記述の確認・分析】 C：ワークシートを振り返らせ，考えを整理させる。
		態	課題を進んで見付け，比較・検討し，適切な解決策を考えようとしている。（◎）	【行動・ワークシートの記述の分析】 C：今までのワークシートを確認させ，自分の経験や学んだことを基に考えさせる。

主たる学習活動	指導上の留意点	時
・身の回りの電化製品の仕組みについて調べ，エネルギー変換の技術がどのように利用されているか考える。	・製品の開発者がどのような視点を大切にしたか，どのように課題解決をしているかに気付かせる。	1│2
・歯車のモデルを基に，動力伝達の仕組みを知る。 ・電気回路のモデルを基に，電流の流れを制御する仕組みについて知る。 ・学習した動力伝達の仕組みを活用しながら，ものを持ち上げるための製品の改良案について考える。	・歯車を自由に組み換えさせ，得た体験から歯車の特性に気付かせる。 ・製品の改良を行う上での目的を整理させる。	3│6
【課題】 学校生活の問題を解決するエネルギーを有効活用した製品を提案しよう！ ・製品モデルを基に，学校生活の中でエネルギー変換の技術を活用して解決できそうな課題を見付ける。 ・条件を踏まえながら解決策の構想を練る。 ・班の構想をまとめ，企画を発表し合う。 ・もらった意見を基に構想の修正を行う。	・条件を明確にさせることで，何ができて何ができないかを把握させる。 ・現状の課題を挙げ，構想を練る上での優先順位を考えることで，課題解決への見通しを持たせる。 ・グループでの意見交換から，様々な価値観に触れられるようにする。 ・振り返りシートに，課題解決のために自分が大切にしたことや考えたことについて記入させる。	7│12
・構想を基に，製品のモデルを製作していく。事前に考えた構想から変更が必要な部分があれば修正する。 ・製作品の発表会を行い，もらった意見を基に再度製品の修正を行っていく。 ・製作した製品のコンセプトや特徴をレポートにまとめる。	・設計を見直しながら進めることで，自分の考えを整理しながら製作を行うように促す。 ・実験を行い，より適切な方法を考えられるようにする。 ・なぜこのような製品モデルを作ったのか，現状の課題などを踏まえながら説明させる。 ・振り返りシートに，解決策を具体化する際に活用した知識や大切にしたことについて記入させる。	13│17
・計測・制御システムについて知る。 ・計測・制御システムを活用し，製品モデルを改良する。	・計測・制御システムについてより具体的なイメージが持てるようにするため，身の回りの製品を例にして説明する。 ・プログラムを作成したら，繰り返し実験を行うことで，より適切な方法を考えられるようにする。	18│23
・自らの課題解決とその過程を振り返り，改善策や修正案を考える。	・振り返りシートを活用しながら，自分がどのような視点を意識して，課題解決を行っていったかを振り返らせる。	24
・製品モデルに近い現在の製品について調べ，複数の視点から評価し，エネルギー変換の技術のこれからのあり方について考えていく。	・複数の視点を踏まえて評価できるように，様々な立場の人の視点に立って考えるよう促す。 ・グループでの意見交換から，様々な価値観に触れられるようにする。	25│26

技術・家庭科【家庭分野】実践例①

1 題材を通じて実現を目指す「学びに向かう力」が高まっている生徒の姿

布を用いた製作を通して，持続可能な社会の構築に向けて自分の思いをマイバッグに込めることができ，家庭分野の見方・考え方を働かせながら，自分の生活を見直そうとしている姿。

2 題材について

この題材は，『新学習指導要領』「Ｂ衣食住の生活」の（5）に当たり，生活を豊かにするための布を用いた製作について考える内容である。

現在，レジ袋の有料化やクジラがビニール袋を食べて死んでしまったニュースなど，環境に関するニュースを耳にする機会が増えた。また，着用されなくなった衣服は，リサイクルやリメイク，リユースをすることもあるが，廃棄されることが非常に多いという。

このような社会の現状の中で，環境問題を自分事として捉え，持続可能な社会のために自分にできることを考えられるようになってほしい。そこで，未来に向けての自分の思いを込めた，マイバッグを製作する。自分の思いとは，「持続可能な社会に向けての思い」と，「こんな場面で使えるこんなバッグを作りたいという思い」である。いつ，どのような場面で使うのか，大きさや形を考えて布の素材を選ばせたり，全員が白の布を使用してマイバッグを製作後に美術の授業で色を付けたりと，自分で時間をかけて製作することを通して愛着が湧き，長く使うようになると考える。さらに，SDGsを踏まえて，マイバッグに取り入れられることについて考えさせたり，資源や環境に配慮した活動を取り入れたりすることを通して，未来への思いを形にし

ていく。2つの思いを自分なりに調整していく活動を通して，自分や家族の生活を豊かにするだけでなく，環境に配慮した生活スタイルを実現できる力を育みたい。

3 「学びに向かう力」を育む指導と評価のポイント

（1）「見方・考え方」を働かせる活動の充実

導入では，生徒にとって身近な課題を取り上げ，未来へつながるように自分の思いを込めてマイバッグを製作するという課題を提示する。バッグの大きさや形，布の種類などの選択肢を増やしたことで，マイバッグへ思いを込めやすくなるように工夫している。

また，製作相談会の際には，教員も生徒の声に耳を傾け，生徒が作りたいと思うバッグになるようにともに考えたり，選択肢を複数提示して自分で考えて選ばせるようにしたりと，生徒へかける言葉を工夫している。

（2）「見通す・振り返る」学習活動の工夫

思考の変容が可視化できるワークシートを用いて，毎時間の流れを確認することで，「未来へつなぐマイバッグを作ろう」という貫く課題を意識して学習ができるようにする。未来への思いをワークシートに積み重ねていくことで，学習を通して新たに増えた思いについて自覚できるようにしたり，共有することで考えが広がったりするように工夫している。最後に，「これまでの学習を生かして，今の自分にできること」について考え，今後の生活につなげていけるようにしている。

また，生徒同士の製作相談会を定期的に行うことを通して，自分の計画を見直し，その後の見通しを持てる機会を計画的に設定している。

4　授業の実際

授業のはじめに，環境に関わるニュースを取り上げて自分たちにできることを考えさせたところ，「エコバックを持ち歩くことが大切だと思う」との声が挙がった。そこで，今回の授業ではバッグ作りを行い，さらに現代の社会の課題である環境問題に対してどのような思いを込めるのか，考えていくことを生徒と共有した。貫く課題を「未来へつなぐマイバッグを作ろう」とし，今の時点でどのようなバッグを作りたいか考え，ワークシートに記入させた。生徒からは，「教科書を持ち運ぶバッグ」や「体操着を入れるバッグ」など，今の自分の現状を踏まえて記述する姿が多く見られた。

そこで，廃棄される衣服が多くあるニュースから，SDGsからバッグに込められる思いについて考えさせると「長く使い続けられるものを作りたい」や「自分で作ることで，ものの大切さを理解したい」などの思いが付け加えられた。今は学校で使うバッグだとしても，長く使えるものを作ることで，「将来的には違う用途でも使えるようにしたい」と考えが変わる生徒の様子が見られた（**図1**）。また，ワークシートは定期的に集め，よい視点には線を引いて返すことで自らの学びを自覚させたり，全体に紹介することでそのよさについて共有したりした。

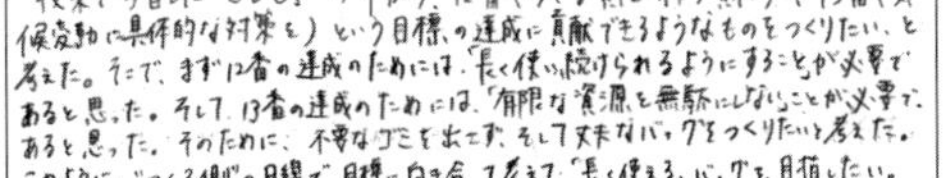
授業で学習した"SDGs"の中から，12番（つくる責任・使う責任）や13番（気候変動に具体的な対策を）という目標の達成に貢献できるようなものをつくりたい，と考えた。そこで，まず12番の達成のためには「長く使い続けられるようにすること」が必要であると思った。そして，13番の達成のためには「有限な資源を無駄にしない」ことが必要であると思った。そのために，不要なゴミを出さず，そして丈夫なバッグをつくりたいと考えた。このように，"つくる側"の目線で目標に向き合って考えて「長く使える」バッグを目指したい。

図1　ワークシートの記述（第2時）

製作したいバッグが決定した後，実際にどのように作っていくのか，計画を立て始めた。生徒同士の製作相談会は，型紙を作る前と作った後の2回行い，自分の計画を振り返る時間を設け，できあがりの見通しを持たせやすくした。製作相談会の際には教員も声かけを行い，幅の広いマチを作りたい生徒には，「何を入れるの？」と聞いてゆとりについて考えさせたり，「マチを作るにはこういう方法もあるよ」と選択肢を複数提示したりと，答えを教えるのではなく，自分で考えて決定ができるように促した。

家で使わなくなったタオルを持ち寄り，布巾を作る活動では，ミシンの使い方や縫い方の復習はもちろんのこと，不要になったものを再び活用できるものによみがえらせることを実感させることができた。また，布の裁断の際に型紙を用いることで，布が無駄にならないように工夫する姿も見られた。

マイバッグの製作の途中においても，生徒同士の製作相談会の時間を設け，自分のここまでの過程を，立ち止まって考えられるようにした。また，ミシンが苦手な生徒も多いため，糸掛けから縫い方までの動画を用意していつでも自分のパソコンで見られるようにしたり，自分が作業している姿を動画で撮影してもらい，正しい技能を身に付けているか，自分で確認できるようにしたりした。

製作を終えて，改めて「未来へつなぐマイバッグ」にどのような思いを込めたのか，ワークシートに記入させた（**図2**）。生徒は学習前に考えた思いを実現するために，製作工程で工夫を施し，「マイバッグに込める思い」をまとめることができていた。未来を想像しながら，「持続可能な社会の構築」の視点で考えられていたと言えるだろう。今後の課題は，予定していたものができなかった生徒に，どう調整させていくべきか，有効な方法を追究していきたい。

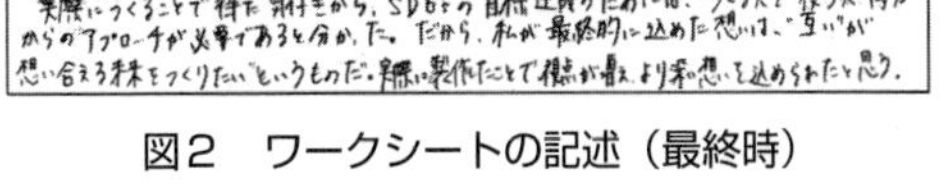
バッグの製作を通して，1つの製品にも多くの材料，時間，作業などの手間がかかっていることを学んだ。そして，普段私たちが何気なく使っているものにもその手間がかけられていると分かり，感謝の気持ちが芽生え「物を大切にしよう」と思った。又，"つくる側"としては，長く使ってもらうために，処理など細かいところまで様々な工夫ができることが分かった。
実際につくることで得た気付きから，SDGsの目標達成のためには，"つくる人"と"使う人"両方からのアプローチが必要であると分かった。だから，私が最終的に込めた想いは，"互いが想い合える未来をつくりたい"というものだ。実際に製作したことで視点が増え，より深い想いを込められたと思う。

図2　ワークシートの記述（最終時）

（池岡　有紀）

[資料]　資質・能力育成のプロセス（10 時間扱い）

次	時	評価規準	【　】内は評価方法 及び Cの生徒への手立て
1	1 ― 3	態　生活を豊かにするための布を用いた製作計画について，課題の解決に主体的に取り組もうとしている。（○）	【ワークシートの記述の確認】 C：自分の生活を振り返り，マイバッグをどのような場面でどのように使用したいか考えさせる。また，実物を参考にしながら，自分が作りたいマイバッグのイメージをさせる。
	4	知　製作するものに適した材料や縫い方について理解し，用具を安全に取り扱い，製作が適切にできる。（○◎）	【行動観察】【作品の分析】 C：ミシンの使い方について，教科書や動画を見たり，班の仲間と教え合ったりするように促す。
	5 ― 9	知　製作するものに適した材料や縫い方について理解し，用具を安全に取り扱い，製作が適切にできる。（○◎）	【行動観察】【作品の分析】 C：製作計画を振り返りながら，どのように進めていったらよいのか，考えさせる。
	10	態　生活を豊かにするための布を用いた製作について，課題の解決に主体的に取り組もうとしている。（○◎） 思　資源や環境に配慮し，生活を豊かにするために布を用いた物の製作を工夫している。（○◎）	【ワークシートの記述の確認・分析】 C：授業を通して，新たに感じた思いについて考えさせる。 【ワークシートの記述の確認・分析】 C：今までの学習を踏まえて，自分の考えを具体的に考えるよう促す。

主たる学習活動	指導上の留意点	時
・環境に関わるニュースから，自分たちにできることを考える。 【貫く課題】未来へつなぐ，マイバッグを作ろう。 ・「未来へつなぐマイバッグ」にどのような思いを込め，どのようなバッグを作るのかを検討し，ワークシートに記入する。 ・SDGsの内容から，マイバッグに取り入れられることを考え，全体で共有する。 ・どのようなマイバッグを作るか自分で再検討した後，4人班で製作相談会を行ってアドバイスをもらう。 ・もらったアドバイスを基にマイバッグの形を決定し，型紙を作る。	・レジ袋の有料化やクジラがビニール袋を食べて死んでしまったニュースを取り上げ，自分たちにできることを考えさせる。 ・今の時点で，「未来へつなぐマイバッグ」にどのような思いを込めるのか考え，思考の変容が可視化できるワークシートに記入させる。いつ，どのような場面で使うのか，大きさや形を考え，布の素材を選ばせる。マイバッグを製作後，美術の授業で色を付けることを伝える。 ・廃棄される衣服が多いというニュースを切り口に，SDGsを踏まえて，未来への思いを形にすることを伝え，改めて計画書を見直させる。SDGsの内容から，マイバッグに取り入れたいことについて，ワークシートに記入させる。 ・新たに気付いた思いを，これからも書き留めていくように伝える。 ・自分が入れたいと思っているものが入るのか，できあがりの形はイメージしたものになるのか，などについて考えさせる。	1 — 3
・調理実習で使う布巾作りを通して，ミシンの使い方を復習する。	・家で使わなくなったタオルなどを持ってきてもらう。年度初めに集める雑巾も，不要になったものを用いて自分で作れるということを実感させる。 ・2人組になって糸のかけ方や縫い方，方向転換の仕方などを確認させる。その際，縫い代は付けず，ミシンの印を見ながらまっすぐ縫う方法を練習させる。	4
・作成した型紙を用いて，4人班で製作相談会をした後，布の裁断を行う。 ・裁断した布を縫い合わせ，マイバッグを製作する。 ・製作の途中に，4人班で製作相談会を行う。	・裁断をする際，布が無駄にならないように考えて型紙を置き，裁断するように指導する。 ・ミシンの使い方について，学習した知識や技能を用いて作業を進めるように促す。また，分からないところは，教え合いながら進められるような環境づくりを行う。 ・よりよいバッグになるようアドバイスをしたり，困っていることを相談したりできる時間を設ける。	5 — 9
・改めて，「未来へつなぐマイバッグ」にどのような思いを込めたのか，自分の考えをワークシートに記入する。 ・できあがったマイバッグを4人班で見せ合い，マイバッグに込めた思いについて共有する。 ・共有したことを踏まえて，「マイバッグをどのように使っていくか」「今の自分にできることは何か」について，ワークシートに記入する。 ・家庭分野の授業後，美術の授業でマイバッグに色付けを行う。	・学習を通して新たに感じた思いについて，記入するよう促す。 ・バッグに込める思いをキャッチフレーズにしてタグに書き，そのタグを基に班で共有させる。 ・今までの学習を踏まえて，自分の考えを具体的に考えるよう促す。 ・家庭分野で考えた未来への思いを基に，デザインさせる。	10

英 語 科

実践例①〜③

1　英語科が考える「学びに向かう力」を育む指導と評価のポイント

　『新学習指導要領』では，「学びに向かう力，人間性等」の目標として，「外国語の背景にある文化に対する理解を深め，聞き手，読み手，話し手，書き手に配慮しながら，主体的に外国語を用いてコミュニケーションを図ろうとする態度を養う。」と表されている。

　本校では，英語科の本質は「英語による言語活動を通して，その場や相手に応じて効果的にコミュニケーションをとる方法を学ぶこと」だと考える。昨年度の研究では，よりよい表現方法を模索するための場面を設定し，その場に応じた言語表現の選択についての指導を通して，既習事項を十分に活用しながら，相手に伝わる表現を自ら追求し続ける姿の実現を目指した。昨年度の研究内容を継続・発展させながら，今年度はより上記の目標の実現に向かい，学び続ける姿勢を習慣付けるために，本校英語科としての目標を「自己調整を支援することを通して，相手を理解し自己を表現する力を高める指導の工夫」として実践をしている。

　本校英語科では，生徒たち自身が英語を活用して他者と交流することに興味や喜びを持ちつつ，自ら学ぼうとすることを目指し，また，教師がその学びを認め，励まして次のステップへとつなげていくことを通して，学びに向かう力を高められると考え，以下の取組を行う。

（1）CAN-DO リストの活用による自己調整学習の支援

　今年度，CAN-DO リストの大幅な見直しを図った。より生徒と教師が理解し共有できる形を目指して作成した。リストは4技能5領域について，超上級・上級・中級・初級という段階に分かれており，具体的に「何ができるようになるか」の内容が書かれている（図1）。リストは生徒たちのファイルの目に付く場所に入れてあり，折に触れて✓が付く項目を増やすように声をかけたり，5領域の偏りを視覚化することで教師の授業改善にも役立てたりすることができると考える。生徒たちは，実際に英語を活用する中で，自分自身が次に「何ができるようになるとよい

授業や自宅での学習，日々の生活の中で英語を使った際に「できた！」と思った項目にチェックを入れよう！
授業中にうまく出来なくても，例えばオンラインのニュースサイトなどを利用して練習を続け，自分ができることを少しずつ増や

		聞くこと	読むこと	話すこと（やり取り）
超上級	☐	普通のスピードで標準語で話される具体的，抽象的なトピックについてのアナウンスやメッセージを理解することができる。	自分の関心に関連したトピックについてのニュース，記事，報告の内容や重要性をすばやく把握し，さらに詳しく読む価値があるか決定することができる。	準備しておいた質問から自然に離れ，相手の反応を理解し，深く吟味しつつ効果的で流暢なインタビューを実行できる。
	☐	議論の複雑な流れが明確に示され，トピックがある程度身近であれば，その議論を理解することができる。	物語や劇の中の登場人物の行動の動機や筋の展開とその結果がどうなったかを理解することができる。	自分の考えや意見をはっきり正確に表現でき，説得力をもって複合的な理由付けをしたり，それらに反応することができる。
上級	☐	なじみのある発音ではっきりと話されれば，身近なトピックについての明確な事実情報を理解することができ，メッセージの概要とともに詳細も聞き取ることができる。	特定の事実情報を見つけるために長い文章をざっと読むことができる。	代理店を通して旅行の予約をしたり，実際に旅行しているときに起こりうるほとんどの出来事に対応することができる。
	☐	比較的ゆっくりはっきり話されれば，多くのラジオやテレビ番組の要点を理解することができる。	身近なトピックについての短い新聞記事の要点を理解することができる。	相手と興味が一致していることに関してかなり長い間会話ができる。
	☐	短い物語を聞いて，次に何が起こるかを推測できる程度にその内容を理解することができる。	文章の中の主な議論を理解することができる。	自分がよく知っている人との日常的な電話に対応することができる。

図1　生徒用 CAN-DO リスト

のか」を確認し，自らの学習を調整しようとしている。また，ある程度のスパンでできたことを確認したり，次の目標を決めたりと振り返りにも活用している。

（2）認め励ます評価へとつながる自己表現活動の設定

『新解説』における「学びに向かう力，人間性等」の涵養に関わる目標では，次のように述べられている（p.15）。

「知識及び技能」を実際のコミュニケーションの場面において活用し，考えを形成・深化させ，話したり書いたりして表現することを繰り返すことで，生徒に自信が生まれ，主体的に学習に取り組む態度が一層向上するため，「知識及び技能」及び「思考力，判断力，表現力等」と「学びに向かう力，人間性等」は不可分に結び付いている。

これを踏まえ，本校英語科では以下の点に留意して，自己表現活動を設定している。
①似たような活動に少しずつ発展的な内容を加えて定期的に繰り返す。これにより，達成感を感じさせるとともに，次への課題を生み出し，成長への推進力とする。課題を始める際には，以前の活動の振り返りを確認し，より発展させるために思考したり，活動後に自己の変容を見取ったりする機会をつくる。
②課題を設定する際には，言語材料から授業構想するだけではなく，既習事項や言語外表現を活用することに必然性を持たせ，達成するための方略がある程度の自由度を含んだものとなるようにする。課題解決に至るまでの思考の変容や仲間との協力があるからこそ，達成感が味わえると考える。
③発表活動の中で一方的に主張して終わらせるのではなく，受け手の立場として必要な力の育成も図っていく。そのために，発表後のやり取りや，推測して聞いたり読んだりするなど，受信する側にも目的を持たせるようにする。

上記①～③を含めた自己表現活動，教師の適切な支援，仲間との協力，生徒が「できる」と自覚している内容，生徒が「できるようになりたい」こと，既習事項，この6点が複雑に絡み合うイメージを持ち，教師が根気よく活動を設定・実践していくことで，生徒の成長を促す。

2　成果と課題

CAN-DOリストを生徒も教師も理解しやすい形にしたことで，1年間だけでなく3年間で生徒に身に付けさせたい力を意識することができた。自己表現活動については，1年生から頻繁に実施したこともあり，今年度の全国学力・学習状況調査の生徒質問紙では，4技能5領域において，多様な言語活動を行ってきたことを生徒が実感していることが全国平均との比較から明らかとなった。今後は「知識・技能」「思考・判断・表現」「主体的に学習に取り組む態度」をより関連付けた実践を続け，生徒が前向きに英語学習に取り組めるよう尽力していく。

英語科実践例①

1 単元を通じて実現を目指す「学びに向かう力」が高まっている生徒の姿

「自分の町のよいところ」について事実と考えを整理し，他者の意見を聞きながら，まとまりのある英文で伝えようとしている姿。

2 単元について

これまで「話す活動」として，自己紹介のスピーチやペアでの会話活動を中心に行ってきた。毎時間の授業の中で帯活動としてペアで短いやり取りをする活動を行っており，ある程度トピックを絞った中から自分で内容を選択し，英語で話すことには少しずつ慣れてきた。「話す活動」に対して意欲的な生徒が多く，「こういう英語での表現でよいのではないか」と思ったら，間違いを恐れず使ってみようとする前向きな姿勢が見られる。しかし，一つ一つの内容を自然な流れでつなげていくことは課題となっている。

本単元では「町内の交流会で出会った近所に引っ越してきた外国の方に，あなたの町のよいところを紹介しよう」という課題を設定した。その際，自分の町に何があるのかという事実だけでなく，その中でも特に紹介したいことについての自分の考えや気持ちを発表することを意識させた。これにより，話し手として伝えたい内容や聞き手に分かりやすい展開や構成などを考えたり，事実と考えを分けて整理したりするなど，話す内容を大まかな流れにしてコミュニケーションの見通しを立てることの必要性が実感しやすくなると考える。本単元を通じて，事実と自分の考えを用いて，順序立てて話すことのよさを深く味わわせたい。

3 「学びに向かう力」を育む指導と評価のポイント

（1）生徒が身近に感じる課題設定

本単元の導入では，「学校の周辺にあるもの」について考える活動を行う。全ての生徒にとって身近な学校という場所を扱うことで活動に入りやすくする。その上で，「自分の町のよいところを紹介しよう」という課題を設定した。自分自身の住んでいる場所をテーマとすることで，課題を自分事として考えることができる。また，話すときの具体的な場面のイメージをつかみやすくするために，いつ，どこで，だれに，どれくらいの時間で紹介をするのかという状況を共有した。

（2）他者との振り返りで学習を深める

本単元の終末では，グループ内で町のよいところを紹介する発表活動を行う。それに向けての原稿作成や発表練習の段階で，ペアでの確認の時間を取り，その中でお互いの発表について考え，伝え合う機会を持つ。事実と自分の考えや気持ちが整理できているか，分かりやすい順序で話ができているかをお互いに確認させるとともに，同じ内容でも伝え方によって，相手への伝わり方は大きく変化するため，どのように相手に伝わりやすい発表にするかを考え，工夫する場とする。

また発表後に行う振り返りについても，グループでお互いの発表について意見を交換する場面をつくる。コメントカードによかった点や改善点を書かせるとともに，グループ内で一人一人の発表について話す時間を確保する。その後，他者からの意見を踏まえて個人の振り返りをさせることで，「話す活動」を話し手と聞き手の両方の立場から多角的に捉えて考える機会とさせたい。

4 授業の実際

　授業のはじめに，学校周辺にあるものについてブレインストーミングを行い，身の回りの場所や建物を英語で何と言うかを考えるところから始めた。その後，場所を説明する際によく使われる表現を例文とともに提示し，生徒にもグループごとに例文を考えさせることで使い方を確認した。

　次に「自分の町のよいところを紹介しよう」という課題を提示した。まずアイディアを多く出すために，マッピングを行った（**図1**）。

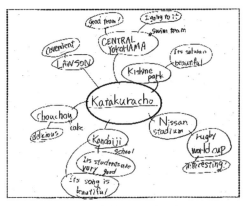

図1　生徒のマッピング

　また，本単元のねらいの「事実や自分の考えを整理し，伝える」ことを意識させるために，マッピングで出した言葉について，事実は黒，自分の考えは赤で区別して書くように促した。その後，紹介原稿を作成していく際にも，マッピングのときと同様に英文を色で区別して書かせるようにしたため，生徒は事実と考えのバランスを視覚的に捉えながら，原稿作成をすることができた。

　事実ばかりを伝える内容では，聞く側にとって関心を持ちにくい。事実の中に自分の考えを入れることで，より興味がそそられる発表になると考える。今回の学習課題においても，ただ何がどこにあるのかを伝えるだけでなく，そこに暮らす人の目線で感想やできることを伝えることを意識するように促した。

　原稿完成後の発表練習では，ペアでお互いの町紹介を聞き合い，よかった点や改善点について確認する機会を持った。また，事実と考えのバランスについて，事実ばかりで話し手の伝えたい内容が分からないものになっていないか，自分の考えばかりが目立ちすぎていないかという点についても意識して聞き合い，見直すように伝えた。ペアでの確認をしたことで，自分の発表を見直し，グループ内での発表に向けて，さらによりよいものにしていこうと工夫しながら活動できた。

　単元の終末に行ったグループ内での発表においては，相手への問いかけを工夫して入れたり，パワーポイントで写真や地図を示したりしながら，相手に懸命に伝えようとする姿が見られた。

　活動全体を振り返っての生徒の記述の中には，「文章の分かりやすい構成や話し方など，『相手』に対して分かりやすいことの意識を高めていきたいと思う」など，相手意識を持った表現の選択の重要性に対する気付きが多く見られた。さらに，これまでの帯活動の取組とつなげて考え，自然な流れを意識して話すための工夫に関する記述もあった（**図2**）。

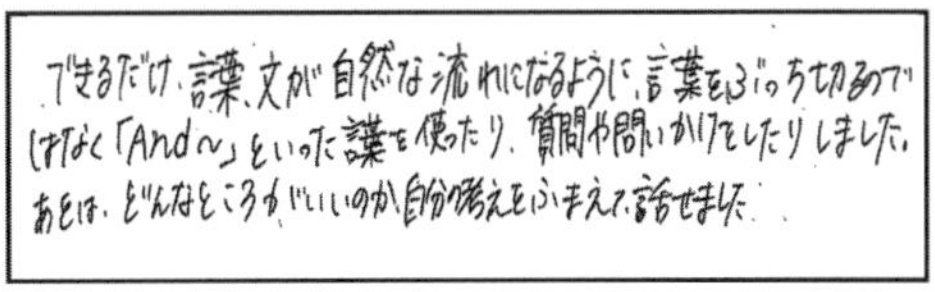

> できるだけ，課文が自然な流れになるように，言葉をぶつ切りではなく「And〜」といった葉を使ったり，質問も問いかけたりしました。あとは，どんなところがいいのか自分で考えもふまえて話せました。

図2　生徒の振り返りの記述

　今後も，生徒が自分事として捉え，前向きに考えることのできる課題設定を追求していきたい。

（山本　早紀）

[資料]　資質・能力育成のプロセス（6時間扱い）

次	時	評価規準	【　】内は評価方法 及び Cの生徒への手立て
1	1 — 2	知　ブレインストーミングをして，テーマに沿ってアイディアを出している。（○）	【発言の確認】【ワークシートの記述の確認】 C：英語でどのように表現するか分からないものについては日本語で班のメンバーに伝え，班の中で仮説を立てて表現を試みるという機会を持つように伝える。
		技　場所を表す前置詞の使い方を理解して，英文をつくっている。（○）	【発言の確認】【ワークシートの記述の確認】 C：表現を使う場面を想像しながら，班のメンバーと協力して英文をつくるように促す。
2	3 — 5	思　事実と自分の考えや気持ちを整理して，発表原稿を作成している。（○）	【ワークシートの記述の確認】 C：マッピングで出てきた内容を，事実と自分の考えに分けるように声かけをする。
		態　相手に分かりやすく内容を伝えるために，発表内容について事実と考えを整理できているか，ペアで積極的に確認しようとしている。（○）	【ワークシートの記述の確認】 C：事実だけに偏らず，自分の考えを伝える英文も書くように促す。
	6	思　相手に分かりやすく内容を伝えるために，順序や構成を意識して，スピーチをしている。（○◎）	【行動の確認】【発表原稿の分析】 C：前時のペアでの振り返りを見直す時間を取ってから，グループでの発表の時間を持つ。
		態　相手に分かりやすく内容を伝えるために，事実と考えを整理して，自分の町のよいところを紹介しようとしている。（○◎）	【発言の確認】【ワークシートの記述の分析】 C：前時のペアでの活動で確認したところを振り返り，話す順序を意識させる。

○は主に「指導に生かすための評価」，◎は主に「記録するための評価」

主たる学習活動	指導上の留意点	時
学校周辺（弘明寺）のよいところを考えよう。 ・4人班をつくり，学校の周りにどんなものがあるか，思い付くものをブレインストーミングする。 ・クラス全体で，各班で出てきたアイディアを確認する。 ・教科書（p.78 Word Network6 町）を使って，場所の表現や場所を表す前置詞の意味と発音を確認する。 ・4つの提示された表現を使って，学校周辺の何がどこにあるのかを表す英文をつくる。	・英語での表現が分からなかった語句について，全体で共有して，確認する。 ・生徒の意見として出てこなかった場所の表現を確認するとともに，教科書の絵を使って，場所を表す前置詞の使い方を示す。 ・場所を説明する際によく使われる「〜の反対側に」「真ん中に」「駅の〜口に」「〜の間に」という4つの表現を提示し，それぞれの表現を使って班で協力して英文を考えさせる。	1 ― 2
町内の交流会で出会った近所に引っ越してきた外国の方に，あなたの町のよいところを紹介しよう。 ・個人で，町にあるものやおすすめの場所などについてマッピングする。 ・スピーチの原稿を考える。 ・スピーチの補足になる写真や地図を準備する。 ・隣同士のペアで，発表練習をする。 ・お互いの発表後，発表の感想や改善できるところなどを伝え合う。 ・発表原稿を見ながら，再度確認・練習する。	・「交流会の途中で，外国の方にこの町がどんなところなのかを尋ねられた。次の企画に移るまでの5分間で町のよいところを相手に伝える。」という設定を確認する。 ・マッピングでキーワードをできる限り多く考えさせ，その中から伝える内容を選ばせる。 ・マッピングを作成する際に，事実を伝えるものと自分の考えを伝えるものを色で区別させ，整理させる。 ・写真や地図は，発表の補助資料であることを伝える。 ・事実と考えの両方が入っているか，話す順序は分かりやすいかを意識して，お互いの発表を聞かせる。	3 ― 5
・4人班をつくり，発表を行う。 ・聞いている生徒はそれぞれの発表のよいところ，改善できるところなどをコメントカードに書く。 ・発表後，書いたコメントカードを発表者に渡す。 ・発表後に受け取った他の人からのコメントを見ながら，活動全体についての振り返りをする。	・他の人の発表を聞きながら考えたことや感じたことをコメントカードに記入させる。 ・他の人からの意見を前向きに受け止め，改善していきたいことを考えさせる。 ・ペアで発表練習した際の振り返り，グループ発表での他の人からの意見も参考にし，今回の活動の中で自分が工夫したこと，できるようになったことを考えさせる。	6

英語科実践例②

1 単元を通じて実現を目指す「学びに向かう力」が高まっている生徒の姿

内容をよりよく伝えるために，語り方を工夫したり，仲間と声を合わせたりして主体的に発表しようとする姿。

2 単元について

本単元では，教科書 COLUMBUS21（光村図書）Let's Read 1 "The Letter"「ふたりはともだち」（アーノルド・ローベル著）を題材に，英語での群読を通して，仲間と協力して音読したり相談したりしながら，情意面に沿って読み取った事柄に着目して表現することにより，内容理解を深めるとともに協調性をも養うことを目的とする。

手法は Readers Theatre を参考にした。Readers Theatre とは日本で言う「朗読劇」に当たる。譜面台に台本を置き，その場で自分のパートを劇的に音読し，グループで協力してテンポよく物語を進めていく。これにより，言語の流暢さやリズム，表情豊かな表現を身に付けられると考える。また，仲間の話を注意深く聴いたり，様子を感じ取ったりする必要があるため，コミュニケーション能力を高めることにもつながる。さらには自分の役割に必要性を見いだすことが自己肯定感や自信につながり，それが技術の向上に結び付く，という往還関係の構築が期待できる。本単元では，本来の Readers Theatre を本校生徒の実態に合わせてアレンジした。

昨年度は教科書の内容を用いて積極的にドラマ活動を取り入れた。今年度は次の３点に重点を置いて授業を行っている。①帯活動で３分間会話した後，全員で「言いたかったこと」を共有し，どのようにすれば伝えられるかを考える。②アウトプットする際には，事

実だけではなく自分の考えや感想を加える。③表現を豊かにすることと英語活動への意欲を高めるために，ドラマ活動を実践する。

教科書の内容の続きを付け加えたりする活動や，他のグループの発表からよりよい表現を学ぶ活動を通して，同じ内容であっても，状況によって違う話し方や言語外表現になることを感じ取らせるように心がけてきた。本単元では声による表現を豊かにすることと，英語表現の習得を目指して活動させる。

3 「学びに向かう力」を育む指導と評価のポイント

（1）仲間との協力を通した内容の読み取り

協働で１つの作品を作り上げることで，音読に対する前向きな気持ちでの取組を生み，さらなる技術の向上や協調性の獲得へとつなげたい。また，個人とグループでの練習の往還を通して，個人での力を高めたり自分の表現を選択したりする幅を持たせつつも，グループの中でそれが効果的であるということを伝えて交渉する力も高めたい。

本単元では心情曲線を個人で作成した後，グループになり英語で自分の考えや内容について話し合い，グループで１つの心情曲線を作成することで，内容理解を深める活動とした。教師は「どうしてそう思うのか」「なぜToad はこのような行動をしたのか」と問いを投げかけるように心がけた。

（2）スモールステップでの自己調整の機会

小学校で既読の物語を絵やＱ＆Ａを用いて確認し，教科書を読む前に英語でどのように表現するのかを一人一人に考えさせ，グループや全体で共有し，様々な考えを出し合った後で教科書での表現を確認する。

発表後には，自グループの映像から，自分

が果たした役割や，工夫した表現の表出を客観的に生徒たち自身で見取り気付くための時間を作る。振り返りのワークシートでは，発音や動きといった一つ一つの技能に絞らず，発表に至る過程から，自分や班で実践した工夫，それが生み出した効果，などそれぞれの技能との関わりから自分を見つめられるようにすることで，自分たちが行った活動がどのような力とつながっていたかを自覚させるようにした。また，内容や登場人物の心情を理解した上で Toad として手紙を書くことで，振り返りの要素を含んだ Writing 活動とした。

4 授業の実際

音読を Readers Theatre へとつなげるために，最初から活動の全容を伝えるのではなく，内容理解と音読練習を，段階を踏んで深めていくことにした。音読や発表に苦手意識がある生徒にとっては，最初から大きな課題が見えてしまうと，消極的な態度や取組につながってしまうと考えたからである。そこで，Readers Theatre について伝える前に，本文読み取りの時点から「そのセリフをどのような声や動きで表現できるか」「なぜこのように言ったのか」などを，生徒とのインタラクションの中で考えさせるようにした。

心情曲線を用いた英語での話し合いでは，生徒が持つ知識を最大限に使って表現している様子が見取れた。個人で考えた心情曲線が班員と違う場合には，because やジェスチャー，本文で根拠となる部分を指さして示したりしながら説明や説得をしようとしており，まさに英語で伝えることを体現する時間となった。また，議論をすることで内容の理解も深まった。ただし，その後の練習で心情曲線を活用する班が少なかったため，参考にするように声かけをする必要があったと感じている。

練習の中では，登場人物の気持ちを意識し

て，そのために顔の表情や動きをどのように表現するか，どの部分を強調し複数人で声を重ね合わせるかについて活発に話し合い，その話し合いと台本の音読を繰り返す中で，内容理解を深めていった。

発表（**図1**）では，保護者に参観してもらうことで緊張感と達成感を味わわせるようにした。参観者からは付箋に感想を書いて貼ってもらったが「英語が生き生きと伝わってきました」「それぞれのグループが工夫をしていて楽しかった」「感情を入れるのが上手でした」と，自分たちの練習や工夫の成果を認めてもらい，今後の励みとなるコメントを受けて，生徒たちは嬉しそうに読んでいた。

図1　Readers Theatre 発表の様子

発表後の生徒の振り返りでは，「悲しい気持ちの表現がたくさんあった。もっと工夫ができそう」「1文の中でどの単語を速く言うか，大きい声で言うか意識するだけで登場人物がどんな気持ちなのか分かった」「同じ文章でも感情の込め方や読み方で大きく変わってくると感じた」などの記述があり，Readers Theatre だからこその気付きがあった。

Readers Theatre は大変意義のある活動だと確信している。今後も実践を続けて洗練された単元活動としていきたい。

●参考文献

Gail H. Bryn-Jones（2015）「Repeated Reading in Readers Theatre for Developing Reading Fluency」，University of Victoria

（武田　美樹）

次	時	評価規準	【　】内は評価方法 及び Cの生徒への手立て
1	1 ｜ 4	知　基本的な強勢やイントネーション，区切りなどの違いを理解している。（○）	【発言の確認】 C：モデルを真似したり，様々な形で繰り返したりする機会を作り，習得できるようにする。
		技　正しい強勢，イントネーション，区切りなどを用いて，物語の内容について，登場人物の考えや気持ちを伝えるために必要な音読の技能を身に付けている。（○）	【発言の確認】【ワークシートの記述の確認】 C：分かりやすい記号で読み方を提示したり，班員全員で協力し合って表現の仕方を確認したりする時間を作る。
	5 ｜ 6	態　相手意識を持って心情を深く理解するために，登場人物の気持ちについて，発表班の仲間に配慮しながら，主体的に理解や表現をしようとしている。（○◎）	【行動の確認・分析】 C：練習の際に，本番と同じ舞台でリハーサルができるように環境を整える。リハーサル後に班で録画しておいた動画を見て振り返り，修正などをする時間をとる。
2	7 ｜ 8	態　登場人物の気持ちを捉えられていたか，班での自分の役割がどのようであったか，を主体的に理解しようとしている。（○）	【ワークシートの記述の確認】 C：観客として動画を見た場合，どのように感じるかと問いかけ，客観視できるようにする。
		思　相手意識を持って心情を深く理解するように，登場人物の気持ちについて，物語文から読み取り，その内容に対する自分の考えを述べている。（○◎）	【ワークシートの記述の確認・分析】 C：自分が発表の中で演じた役割やセリフなど，一場面についてだけでも取り上げてもよいと伝える。

主たる学習活動	指導上の留意点	時
・小学校で触れた「ふたりはともだち」の内容を，教科書のイラストとともに振り返る。 ・必要な英語表現を，教師の後について繰り返し発音練習をする。 ・２人組になり，タイミングを合わせて練習した表現を同時に言う。いくつか実践した後，４人組，８人組と人数を増やして言う。 ・スクリプトを見て，口頭で練習した表現を文字で確認する。 ・登場人物たちの気持ちを心情曲線で表し，班員と英語で会話しながらその考えを共有する。 ・一斉で音読練習をする。 【課題】 　登場人物の考えや気持ちを最大限に伝えられるようなReaders Theatreを協力して創り上げる。 ・Readers Theatreの動画を見る。 ・もう一度動画を見て，英語で群読するための工夫を個人で考えてから，班で共有し，より発展した工夫を考える。 ・その心情を表現するための工夫を個人で考えたのち，班員とさらに考える。 ・班で音読部分の割り当てをしたり，工夫を加えたりしながら練習を繰り返す。	・物語の重要なポイントに自然と触れながら，簡単な英語で質問して概要を捉えられるようにする。 ・体や声でどのように表せるか生徒とともに考え実際に表現してみようとする姿勢を教師が見せる。 ・教科書は見ないままで，教師がほとんどの表現を示す。生徒は動きや表現方法を考えて繰り返し発音していく。 ・声での合図を出さずに言うようにする。また，そのためには何を感じ取って言う必要があるかも考えさせる。これが群読の導入につながる。 ・曖昧だった単語などを文字とつなげてより明確につかめるようにする。 ・Frog, Toad, Snailの感情を１枚の心情曲線で書く。 ・Chorus Reading, Pair Reading，その他，いくつかの方法で音読練習をして慣らしていく。 ・「同時にセリフを言う」体験をどのように感じたか，意見を全体で共有し，Readers Theatreの話題に入る。 ・班員の様子をよく見たり，よく聞いたりすることの必要性に着目させる。 ・台本に，強調する部分や，どのような気持ちで表現するかを書き込ませる。 ・音読に余裕が出てきたころに，登場人物の気持ちを表すための動きを加えるよう伝える。	1 ｜ 4
・班ごとに発表をする。 ・見学者は，よかった点やもう少し工夫をしたほうがよい点，感じたことなどを，それぞれの発表後に記録用紙に書く。 ・発表後に感じたことを書く。	・保護者や他学年にも知らせて，見てもらう機会を作る。 ・手が自由になるように譜面台を舞台に用意する。 ・感想とともに，それまでの過程も振り返ることができるような項目にする。	5 ｜ 6
・自分たちの班の発表動画を見て，客観的な振り返りを書く。 ・Toadの気持ちを考えて，Frogへの手紙を各自が書く。 ・他の生徒が書いた手紙を読んで，気付いたことや感じたことを共有する。	・実際に発表した時と，客観的に見た時を比較して感じたことを素直な言葉で表現させる。 ・手紙の形式の練習ではなく，それまでの出来事に触れられていることと，Toadの気持ちとして表現しようとしていることを重要視する。 ・文法的な誤りではなく，内容に注目させる。	7 ｜ 8

英語科実践例③

1　単元を通じて実現を目指す「学びに向かう力」が高まっている生徒の姿

　話す活動や書く活動を通して，目的に応じたよりよい表現や文章の構成を模索したり，正確性を高めようとしたりしながら，まとまりのある内容や文章で自分の考えを表現しようとする姿。

2　単元について

　『新解説』では，「『話すこと』及び『書くこと』などの言語活動が適切に行われていないこと」「『やり取り』・『即興性』を意識した言語活動が十分ではないこと」などが課題として挙げられ，１分間チャットなどの取組が広がりつつある。一方で，そうした活動では，短文でのやり取りに終始したり，発話量は増えたものの，正確性や表現の豊かさという面で改善が見られなかったりといった課題も多く指摘されている。本校でもやり取りの機会を多く確保し，生徒は自分の考えを即興的に話す力の高まりを実感しているものの，文の正確性や複雑性という点では十分とは言えず，特にまとまりのある文章を書く力については授業評価アンケートでも自己評価が低い現状がある。

　本単元では，①「一文一文の正確性と複雑性を高めていくこと」，②「文の構成やつなぎ言葉を意識しながら，文章にまとまりを持たせること」の二つを目標とし，教科書の題材を扱いながら，まとまりのある文章を書く力を育んでいく。書く力を伸ばすことを一番のねらいとするが，相手の理解度が確認しやすく，より相手意識を持ちやすい話す活動の強みも生かしながら，「話すこと」と「書くこと」を行き来する形で活動を配置し，よりよい表現方法を模索させる。

3　「学びに向かう力」を育む指導と評価のポイント

（1）自己調整と学びの自覚を促す工夫

　本単元では，生徒自身が自分の英文と向き合い，よりよい表現を吟味する力を養うことが重要である。そうすることで，生徒たちは自分に足りない部分を自覚し，授業内外での学習へと生かそうとする態度の形成につながっていくと考える。

　そのため，ライティングの後には，セルフチェックやピア・フィードバックの時間を設け，英文を分析的な視点で繰り返し読ませる。間違いを減らすことだけでなく，他者の英文を読むことで多様な考えに触れたり，よりよい表現を真似したりという効果も考えられる。

　しかし，生徒同士のフィードバックだけでは不十分であり，教師が毎回のライティング後に添削を行い，次回へ向けてのコメントを返すことで，英文をチェックする際のポイントを示し，生徒が行うチェックの質の向上につなげていくことが大切である。

　また，ライティングの最後には，単元目標を踏まえた振り返りを行い，次の活動の際には過去の振り返りを読み返させる。これにより，自らの課題などを自覚させた上で活動に入ることが可能になる。

（2）自己表現への意欲を高める工夫

　「書きたいことが無い」「何を書いたらよいか分からない」ということも，書くことを苦手とする理由となりうる。そのため，参考となる表現の導入と全員に意見を持たせるための手立てとして，身近なトピックを選び，教科書・TPCを用いての情報収集や，ゲーム性の高いディベートという活動に取り組ませる。自己表現することへの意欲が高まるよ

う，言語と内容の両面から支援していきたい。

4　授業の実際

本単元における書く活動は，マッピング（３分）→ポイントを二つに絞ってのアイディア整理（５分）→ライティング（５分）→セルフチェック（５分）→ピア・フィードバック（５分×２名）→再修正（３分）→振り返り（７分）というサイクルを基本として行った。短い時間でのライティングに戸惑いを見せる生徒もいたが，基本的な段落構成や事前にアイディアを整理する際のポイントなどを確認し合うことで，自分の意見を根拠とともに表現できるようになっていった（**図１**）。

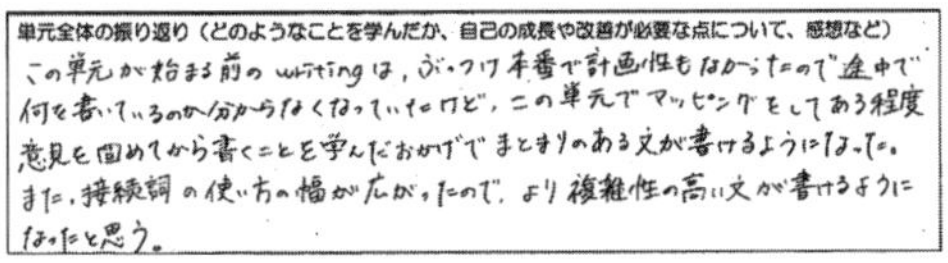
単元全体の振り返り（どのようなことを学んだか、自己の成長や改善が必要な点について、感想など）
この単元が始まる前のwritingは，ぶっつけ本番で計画性もなかったので途中で何を書いているのか分からなくなっていたけど，この単元でマッピングをしてある程度意見を固めてから書くことを学んだおかげでまとまりのある文が書けるようになった。また，接続詞の使い方の幅が広がったので，より複雑性の高い文が書けるようになったと思う。

図１　生徒の振り返りの記述

「給食と弁当どちらがいい？」についてのディベートでは，自分の意見を言うことに必死で，相手を意識するところまでたどり着けていない様子だったため，次のディベートの際には，相手に伝える意識を持つよう声かけを行った。その結果，生徒の振り返りの中にも，「最初は『何を伝えるか』にしか目がいかなかったけど，回数を重ねて『どうやって分かりやすく伝えるか』も考えられた。」という記述が見られた。このように，相手に伝えることや，相手の考えを理解することを強く意識したことによる気付きは多くの生徒に共通して見られた。また，「文章の複雑性を高めてより多くの内容が伝わる文章にするためには，関係代名詞を使って単語を説明することが効果的だと分かった。」のように，自由度の高い自己表現活動の中で，目的に合わせて自分で文法を選択したからこそ，その有用性を実感できた生徒もいた。

生徒が英文をチェックする際には三つの視点（p.123）を示し，教師も添削とコメントを繰り返したことで，「初めはセルフチェックがスペルミスや冠詞などだけだったけど，だんだん『ここにもう少し因果関係があるとよい』とか，助動詞，時制にも気を配れるようになって，自分を客観視する力が付いた。」のように，英文を推敲する力が養われ，少しずつ細部まで，あるいは文法だけでなく内容の面にまで及ぶようになっていった。

さらに，「最初のうちは，辞書と首っ引きで，読み方も分からないような表現を並べているだけだった。しかし，今回平易な単語でライティングやディベートをしてみて，メンバーから『なるほど〜』という声が聞こえることが嬉しくて，自分にも相手にも伝わる表現を増やしていくように意識していった。」という記述も見られた。辞書に頼りすぎず，できるだけ自分の分かる言葉で言い換えることについては普段から指導してきたが，この単元での学習を通して，実感を伴いながらその意味を理解してくれた様子がうかがえた。

ライティングの５分という時間を，単元を通して固定したことで，生徒たちは質と量の両面で過去の自分と比較がしやすくなり，課題の発見から改善へつなげたり，自己の成長を実感したりすることができていた（**図２**）。

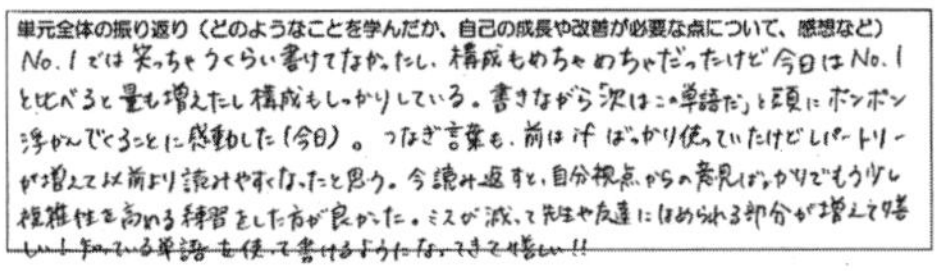
単元全体の振り返り（どのようなことを学んだか、自己の成長や改善が必要な点について、感想など）
No.1では笑っちゃうくらい書けてなかったし，構成もめちゃめちゃだったけど今日はNo.1と比べると量も増えたし構成もしっかりしている。書きながら「次はこの単語だ」と頭にポンポン浮かんでくることに感動した（今日）。つなぎ言葉も，前はif ばっかり使っていたけどレパートリーが増えて以前より読みやすくなったと思う。今読み返すと，自分視点からの意見ばっかりでもう少し複雑性を高める練習をした方が良かった。ミスが減って先生や友達にほめられる部分が増えて嬉しい！知っている単語を使って書けるようになってきて嬉しい!!

図２　生徒の振り返りの記述

本単元では，「書くこと」の活動を集中して行ったが，これを一過性のものとせず，今後も継続的に，あるいは帯活動的に，ライティングの指導を続けることで，この単元を真に意味のあるものとしていきたい。

●参考文献

リーパーすみ子（2011）『アメリカの小学校に学ぶ英語の書き方』，コスモピア株式会社

（小野澤　士龍）

[資料]　資質・能力育成のプロセス（13時間扱い）

次	時	評価規準	【　】内は評価方法 及び Cの生徒への手立て
1	1 ― 2	知　列挙したり，例示したり，理由を示したりするための表現を，文脈に即して適切に用いている。（○）	【行動の確認】 C：教科書の例文を参考として示すとともに，ピア・フィードバックで受けた指摘の意味が分からなければ，生徒同士で質問をさせる。
	3 ― 7	技　給食と弁当の長所や短所について，自分の考えを整理し，列挙したり，例示したり，理由を示したりするための表現を用いて，まとまりのある文章を書いている。（○） 態　自分の考えを分かりやすく伝えるため，給食と弁当の長所や短所について，考えを整理し，語彙や文法を豊かに用いて，まとまりのある文章を書こうとしている。（○）	【行動の確認】 C：ワークシートを用いてアイディアを整理し，構成を考える際に，適切な接続詞などの使用について指導する。 【ワークシートの記述の確認】 C：ワークシートを用いてアイディアを整理する際に，模擬ディベートを書いたり，実際にディベートをしたりすることを通して，他の生徒から学んだ表現を活用させる。
	8 ― 12	思　手紙でのやり取りでも自分の主張が伝わるよう，スマートフォンのよい点や悪い点について，事実や自分の考えなどを整理し，語彙や文法を豊かに用いて，まとまりのある文章を書いている。（○）	【行動の確認】 C：5W1H＋feelingsを意識し，より詳細に説明できる点はないかを確認させるとともに，文と文，段落と段落の関係から，適切な接続詞などの使用について考えさせる。
	13	思　オーストラリアの友達に自分の意見を伝えるために，高校生のアルバイトの是非について，事実や自分の考えなどを整理し，語彙や文法を豊かに用いて，まとまりのある文章を書いている。（◎） 態　オーストラリアの友達に自分の意見を伝えるために，高校生のアルバイトの是非について，事実や自分の考えなどを整理し，語彙や文法を豊かに用いて，まとまりのある文章を書こうとしている。（◎）	【ワークシートの記述の分析】 C：5W1H＋feelingsを意識し，より詳細に説明できる点はないかを確認させるとともに，文と文，段落と段落の関係から，適切な接続詞などの使用について考えさせる。 【ワークシートの記述の分析】 C：前時までに自分が行った自己評価の記述や，他の生徒や教師からのフィードバックなどを読み返させ，改善が必要な点を確認させる。

主たる学習活動	指導上の留意点	時
横浜国立大学の留学生に神奈川のよさを伝えよう。 ・神奈川のよいところについて，5分間で文章を書く。 ・グループで互いの文章を見せ合い，どのような表現や構成を用いると効果的か考える（個人→グループ）。 ・教科書Your Coach 2で表現や構成の例を確認する。 ・同じテーマについて，ワークシートを用いてアイディアを整理した後，5分間で再度文章を書く。 ・教師が示した点について，セルフチェックとピア・フィードバックを行い，各自修正を加える。	・アイディア整理では，一文レベルでの複雑性を高めるため，5W1H＋feelingsを意識しながらマッピングを行い，たくさんのアイディアを出した後に，目的に合わせて情報を取捨選択させる。 ・セルフチェックとピア・フィードバックでは，①言いたいことを伝えるためのよりよい表現はないか，②文と文，段落と段落のつながりが不明瞭なところはないか，③明らかなミスはないか（文法，スペル，大文字・小文字，句読点，字下げなど）の3つの視点でチェックさせる。	1 ｜ 2
・「給食と弁当どちらがいい？」について，One-minute Talkを行った後，教科書Go for It! 2でどのような意見があるか確認する。 ・ディベートの練習として，肯定側立論→否定側立論→否定側反駁→肯定側反駁という簡易的な形式のディベート原稿を作成し，それを読み上げる形で他グループと模擬ディベートを見せ合う。 ・肯定側，否定側，ジャッジと役割を変えながら，同じテーマで，簡易的なディベートを実際に3回行う。 「給食と弁当どちらがいい？」に関するインターネットフォーラムに自分の意見を投稿しよう。 ・ワークシートを用いてアイディアを整理した後，5分間で文章を書く。セルフチェックとピア・フィードバックを行い，各自修正を加える。	・議論のポイントは，肯定側と否定側それぞれ2つずつとし，具体例や理由を示させる。 ・複数の視点から物事を捉えたり，受け手という立場からも伝わりやすい表現について考えたりできるよう，肯定側，否定側，ジャッジを全て経験させる。 ・ライティングの前と振り返りの際には，単元目標を確認した上で，前回のワークシートを見返す時間を取り，自己の課題を確認させる。	3 ｜ 7
・教科書CLIL 2を通して，情報通信技術の便利な点やネット社会の危険な点について考える。 ・「中学生はスマートフォンを持つべきか」について，グループでTPCを用いて下調べを行う。 ・役割を変えながら簡易的なディベートを3回行う。 「中学生はスマートフォンを持つべきか」について，他クラスの生徒と手紙を通じて議論しよう。 ・ワークシートを用いてアイディアを整理した後，5分間で文章を書く。 ・他クラスの生徒が書いた文章を読み，それに対する自分の考えを書く（2名分行う）。	・自分たちの意見がジャッジや相手グループにしっかりと伝わるよう，よりよい表現を模索させる。 ・読み手が目の前にいないこと，そしてネイティブスピーカーではなく他クラスの生徒であることから，より分かりやすい表現が求められることを意識させる。	8 ｜ 12
高校生のアルバイトについて意見を求めるオーストラリアの友達からのメールに返信しよう。 ・ワークシートを用いてアイディアを整理した後，5分間で文章を書く。セルフチェックとピア・フィードバックを行い，各自修正を加える。 ・単元全体を通しての学びを振り返る。	・本単元を通して自分が書いた文章や，セルフチェック，ピア・フィードバックなどの記述を読み返し，単元を通しての学びを自ら価値付けさせる。	13

1 研究の概要

　「健康づくりのための睡眠指針2014」によれば，思春期では就寝時間が遅いほどメンタルヘルスの所見を有する割合が高いと述べられている。睡眠不足が体と心の両面に及ぼす影響は大きいとされている中で，本校でも睡眠不足で体調不良を訴える生徒が多い現状が課題であった。今年度5月に保健委員会が睡眠に関するアンケート調査を実施したところ，睡眠時間の不足は学年が上がるにつれて割合が高くなり，半数の生徒が平日の睡眠が足りないと感じているなど，睡眠不足傾向にある生徒が多いことが判明した。昨年1年生を対象に睡眠の必要性を考える授業を行ったが，適切な改善が図られていない生徒が多く見られたため，昨年度に引き続き睡眠の必要性を確認し，睡眠の量や質を得られるための意識と行動を考える題材を設定した。

2 実践の様子

　「なぜ睡眠が体と心に大切であるかを考え，行動につなげられる，よい睡眠をとるための方法を考えよう」という課題を提示した。導入では，1年時の学習の振り返りとアンケート結果から2年生全体の睡眠状態を確認した。次に平日と休日の1日の生活を円グラフに記入し生活を振り返り，相談者と睡眠カウンセラー役を分担し，アンケート結果と自己の結果を比較するなどして，自分の睡眠の問題を見付けられるよう互いに相談し合わせた。成長ホルモンや記憶の効果などの理由を基に，自身の生活を見通して行動につなげられるようにアドバイスし合う姿が見受けられた。授業後は，「睡眠・生活リズム表」に1週間の生活や睡眠時間，起床時の気分や体調を記録し自分の生活を把握することと，よい睡眠を得るためにできることを家庭で話し合うよう促した。生徒の感想では「意外と規則正しく睡眠がとれていた。これを持続したい。」「平日と休日の睡眠時間の差を減らすために休日でも早く起きたら，生活リズムが崩れることがなくなった。」と自分の生活を客観的に見て，行動を変化させている生徒も見られた。学習のまとめと保護者へ共通理解を図る目的で，授業の様子や生徒の今後の課題などを保健だよりで周知した。

3 成果と課題

　自分の生活リズムを思い出したり，相手に話したりすることで，生徒自身で客観的に生活を振り返り，よさや課題を整理し，睡眠を考える機会にすることができた。しかし，授業の中で自己の睡眠の問題から具体的な目標の設定には至らず，1週間の睡眠時間が短いままで変わらず，十分確保できていなかった生徒も見られた。生活の中で変えられそうな行動（習慣）を細かく探して目標を設定させたり，具体的な睡眠の行動変容への工夫点を，丁寧に確認したりする必要があった。また，一時的に睡眠が改善されているが，過ごしていく中で元の生活に戻る生徒も出てくる可能性があるため，継続的な関わりが必要になる。今後の取組として，昨年に引き続き，生徒の保健室来室時などでの個別的な関わり，教職員との情報共有，保健だよりや保健委員会からの発信をしていきたい。また保護者説明会を通して，保護者も一緒に睡眠について考える機会をつくり，学校と家庭で連携・協力して睡眠を保持し，健康の増進を図っていきたい。

第2学年　学校保健　指導略案

時間	学習の流れ	・指導上の留意点
導入 10分	なぜ睡眠が体と心に大切であるかを考え，自分が行動につなげられる，よい睡眠をとるための方法を考えよう。 ・ブルーライト，レム・ノンレム睡眠，成長ホルモン，昼寝，記憶の定着など，昨年の学習の振り返りをする。 ・自分の平日と休日の1日の行動（過ごし方の円グラフ）をワークシートに記入する。	・今の時期になぜ睡眠に関する学習が必要か押さえる。 ・2学年の睡眠アンケートの結果のグラフから，全体の傾向を確認させる。 ・睡眠不足になる理由，できそうな睡眠の工夫などを考えさせる。 ・自分の生活を振り返って，睡眠についての改善したほうがよい点，または気を付けている点を考えながら記入させる。
展開 30分	・自分の睡眠の問題について，仲間と相談をする。相談者と相談を受ける側になり，3分で役割を交代する。 ・自分の睡眠の問題を改善するために，必要なこと（生活リズム，環境づくり，スマホやゲームで気を付けること）を調べたり考えたりしてワークシートに記入する。 ・上記をグループで共有する。	・導入で記入した1日の過ごし方の表を基に相談する。 ・相談者に，日頃の自分の生活習慣・生活リズムを丁寧に振り返らせる。相談される側にも，話を聞くとともに，自身の睡眠の問題に気付けるような質問やアドバイスをさせる。 ・自分の生活で，問題点と行動変容が可能な改善点が明確になるように配慮する。
まとめ 10分	・学習の振り返りを行う。 ・自分の問題点や改善点を念頭に置いて，睡眠について行動につなげていける目標を設定する。 ・これからの課題を確認する。今後，1週間「睡眠・生活リズム表」に自分の生活や睡眠の状態をチェックし，体調や心の状態の変化を確かめる。	・今日から確実にできる具体的な目標を立てるように声かけを行う。 ・家庭でも睡眠表を基に生活の仕方を振り返り，良質な睡眠をとるための意識や行動の仕方について話すように声かけを行う。 ・睡眠が，自分を健康に成長させていくために大切な生活習慣であることを実感させる。

1週間の睡眠の反省・感じたこと

11月11日（7.5ん睡眠できた日）の朝の目覚めが本当に違ってびっくりした。1日へのやる気と元気に満ちていた。1.5んの睡眠は効果があるんだと実感した。

（田口　さやか）

●参考文献

厚生労働省健康局（2014）「健康づくりのための睡眠指針2014」

おわりに

　本校はその設置目的に基づき，中学校教育における教育実践研究を日々行っています。このために，横浜国立大学教育学部，文部科学省，神奈川県教育委員会，各市町村教育委員会や県内外の国公立学校等と連携して共同実践研究に取り組んでいます。

　さらにその教育実践の成果を毎年2月の研究発表会で発表するとともに，各研究会での発表や全国からの研修視察の受け入れ，各種研修会への講師派遣，書籍発行等を行うことでもその研究成果を発信しています。

　今年度の研究テーマ「『学びに向かう力』を育む指導と評価のあり方」における，「学びに向かう力」の基盤とは，生徒自身が学ぶことの必要性を認識すること，知識欲が刺激され「どうしてこうなるのだろう」と熟考状態を主体的に創生することであり，それが学ぶ意義の更なる顕在化を促し，次なる学びへと推進していくことにつながると考えます。そのために，本校の校内研修会の講師として招聘した京都大学の石井英真氏から得られた知見である，「教師と生徒がともに教材に向かい合い学び手として競い合うナナメの関係」を構築することも重要であると感じています。本校では「学びに向かう力」を高めていくための授業デザインとして，目指すべき生徒の姿を明確にし，その姿を実現させるために必要な指導や評価とはどうあるべきかを，単元・題材の入口・展開・出口に分けて整理してまいりました。そして，生徒が「主体的に学習に取り組む態度」を含めた情意面の成長を実感できるように，本校のリテラシー教育の根幹である探究活動 TOFY とのつながりを意識した授業を，今年度すべての教科等において実践してまいりました。

　国立大学附属学校という教育研究の文化がある現場において，日々私どもがこの研究を推進するに当たっては，教科内だけでなく全体の研究会等における議論を深めながら，新たな創意工夫を繰り返し，理論構築と実践に努めています。これからも，生徒自身が社会に生きて働く資質・能力の育成を目指すとともに，様々な教育活動を生かして，相手を思いやり他者の考えを理解する，人として大切な心を培う総合的な人間教育を重んじ，不断の努力を行っていくことが本校の使命だと認識しています。

　最後になりますが，本研究にご指導いただいた，京都大学の石井英真氏をはじめ，文部科学省及び国立教育政策研究所の先生方，神奈川県及び各市町村教育委員会の指導主事の先生方，横浜国立大学教育学部等の先生方に深く感謝しますとともに，本書を手にしていただいた皆様に，本校の取組に対してご指導・ご鞭撻をいただければ幸いです。

　令和2年2月

横浜国立大学教育学部
附 属 横 浜 中 学 校
副校長　北 川 公 一

＜執筆者一覧＞

横浜国立大学教育学部附属横浜中学校
　　松 原　雅 俊（校長）
　　北 川　公 一（副校長）
　　土 谷　　満（主幹教諭　社会科）
　　池 田　　純（教諭　数学科　研究主任）
　　橋 本　香 菜（教諭　国語科）
　　土 持　知 也（教諭　国語科）
　　田 川　雄 三（教諭　社会科）
　　山 本　将 弘（教諭　社会科）
　　高 木　　紀（教諭　数学科）
　　関 野　　真（教諭　数学科）
　　神 谷　紘 祥（教諭　理科）
　　中 畑　伸 浩（教諭　理科）
　　佐 塚　繭 子（教諭　音楽科）
　　元 山　愛 梨（教諭　美術科）
　　中 山　淳一朗（教諭　保健体育科）
　　和 田　真 紀（教諭　保健体育科）
　　佐々木　恵 太（教諭　技術・家庭科　技術分野）
　　池 岡　有 紀（教諭　技術・家庭科　家庭分野）
　　山 本　早 紀（教諭　英語科）
　　武 田　美 樹（教諭　英語科）
　　小野澤　士 龍（教諭　英語科）
　　田 口　さやか（養護教諭）

新しい時代に必要となる資質・能力の育成Ⅴ

「学びに向かう力」を育む授業事例集

2020年3月15日　初版発行

編著者　横浜国立大学教育学部附属横浜中学校 ©
発行人　安部英行
発行所　学事出版株式会社
　　　　〒101-0021　東京都千代田区外神田2-2-3
　　　　電話　03-3255-5471
　　　　HPアドレス　http://www.gakuji.co.jp
編集担当　花岡萬之
装　丁　岡崎健二
印刷・製本　精文堂印刷株式会社